Bike Reparatur Handbuch

DELIUS KLASING

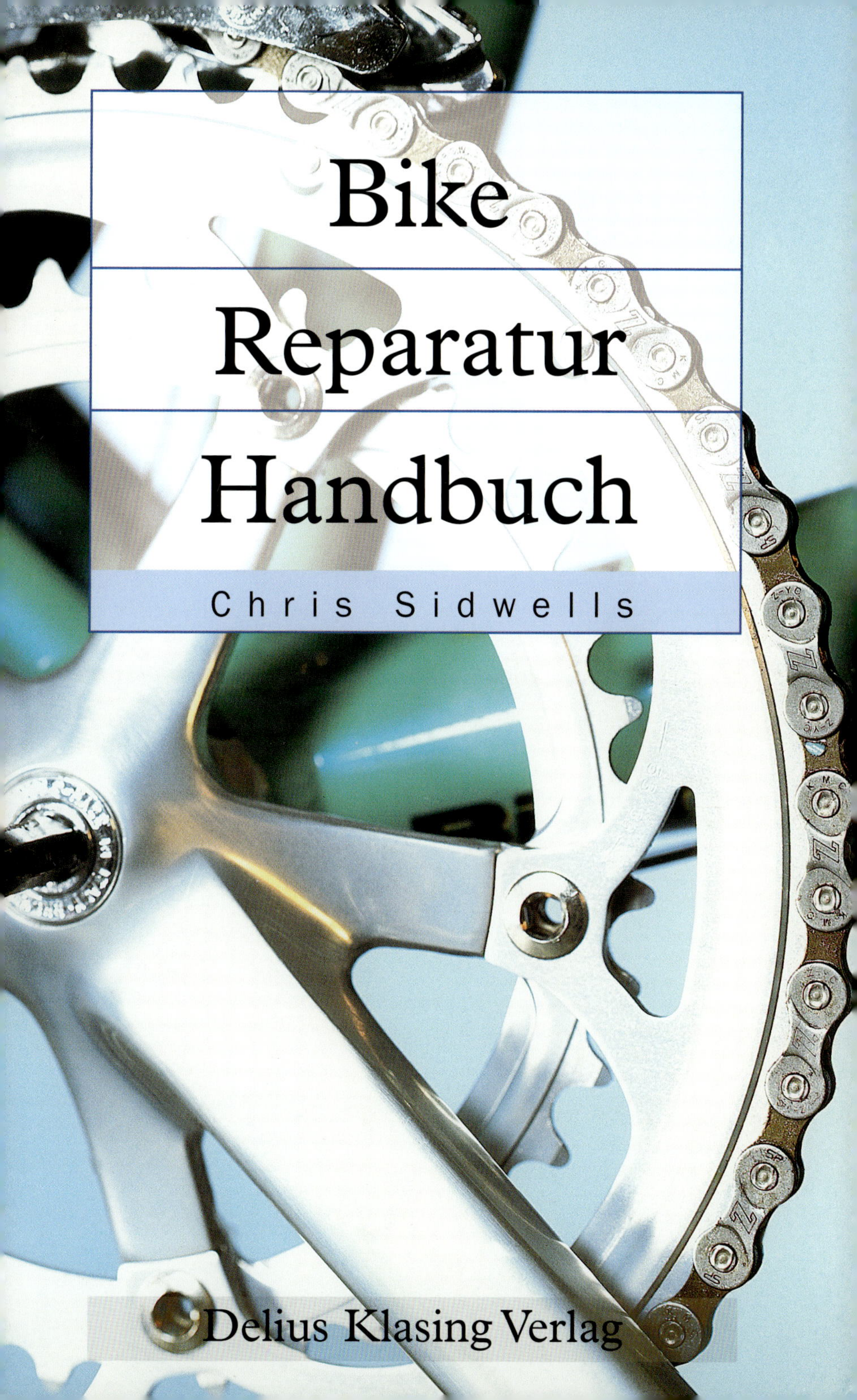

Bike Reparatur Handbuch

Chris Sidwells

Delius Klasing Verlag

Die englische Originalausgabe mit dem Titel »Bike Repair Manual« erschien 2005 bei Dorling Kindersley Limited, London.

Bibliografische Information
Der Deutschen Bibliothek
Die Deutsche Bibliothek verzeichnet diese Publikation in der Deutschen Nationalbibliografie; detaillierte bibliografische Daten sind im Internet über »http://dnb.ddb.de« abrufbar.

2., überarbeitete Auflage
ISBN 3-7688-1599-4
ISBN 978-3-7688-1599-4

Aus dem Englischen von Thomas Rögner
Umschlaggestaltung: Ekkehard Schonart
Printed in Singapur 2006

Delius Klasing Verlag,
Siekerwall 21, D - 33602 Bielefeld
Tel.: 0521/559-0, Fax: 0521/559-115
E-Mail: info@delius-klasing.de
www.delius-klasing.de

Inhalt

Einführung

Ein sauberes, gut gepflegtes Rad wird optimal und sicher funktionieren und viel mehr Spaß am Radfahren bereiten, weil man sorgenlos unterwegs ist.

Sicherheit und Funktion liegen eng zusammen. Wenn zum Beispiel die Schaltung nicht richtig funktioniert, wird man nicht nur schlechter fahren, man wird auch immer wieder nach unten sehen, um die Ursache zu finden. Die Folge: Man blickt nicht mehr auf die Straße und riskiert möglicherweise einen Unfall. »Alle Rad-Reparaturen« hilft Ihnen, diese Probleme zu vermeiden, da es alle nötigen Wartungs- und Reparaturarbeiten zeigt.

Technisches Verständnis

Moderne Räder mögen kompliziert aussehen und die Technik der Hersteller ist sicher ausgereifter denn je. Die Mechanik eines Fahrrads funktioniert aber immer noch nach den gleichen logischen Prinzipien wie früher. Man sollte sich also nicht vom Basteln abschrecken lassen.

Bevor Sie mit der Reparatur bestimmter Komponenten beginnen, sollten Sie sich im entsprechenden Kapitel damit vertraut machen. Die Wartung wird einfacher, wenn man die Funktionsweise kennt.

Haben Sie Vertrauen und verlieren Sie nicht die Geduld. Auch wenn Sie nicht der geborene Mechaniker sind, werden Sie nach einiger Zeit Spaß an Fahrrad-Reparaturen bekommen und noch mehr Spaß am sorgenfreien Radeln haben, mit dem Ihre Anstrengungen belohnt werden.

Informationen sammeln

Heben Sie die Gebrauchsanweisung des Herstellers auf, wenn Sie ein neues Rad kaufen, um sich – neben den Anleitungen aus dem Buch – daraus informieren zu können. Dies gilt auch für alle Teile, die Sie kaufen.

Falls Ihr Rad nicht neu ist, besorgen Sie sich eine Bedienungsanleitung aus dem Laden oder über die Website des Herstellers. Dann wissen Sie über die speziellen Wartungsarbeiten an allen Komponenten Bescheid.

Um noch mehr über Wartungsarbeiten zu erfahren, gibt es mehrere Magazine, die Tipps zu speziellen Komponenten geben. Die meisten interessierten Hobby-Radmechaniker werden jedoch alles, was sie brauchen, auf den folgenden Seiten dieses Buchs finden.

So benutzt man dieses Buch

Die unterschiedlichen Wartungsarbeiten für die gebräuchlichsten Radtypen sind am Beginn dieses Buchs aufgelistet. Wie die Arbeit erfolgt, ist auf den entsprechenden Seiten für die jeweiligen Komponenten Schritt für Schritt beschrieben – zum Beispiel für Federgabeln an Mountainbikes.

Sie finden darüber hinaus Tabellen für Wartungsarbeiten an Ihrem Rad und Listen für Fehlerursachen, um Probleme finden und abstellen zu können. Mit diesem Buch können Sie gefährliche Stellen identifizieren und Sicherheitschecks routinemäßig ausführen. Es wird im Detail beschrieben, was zu tun ist und auf die Reparaturanleitungen verwiesen, die man dann nur noch Schritt für Schritt auszuführen braucht.

1

So funktioniert ein Fahrrad

Wenn man die Funktionsweise eines Fahrrads versteht, kann man es besser warten. Kennen Sie erst einmal alle Teile und Komponenten, werden Sie sehen, wie sie zusammen als Einheit funktionieren.

Das Fahrrad

Moderne Räder, wie das unten abgebildete Trekkingrad, sind leicht und bedienungsfreundlich gebaut. Man kann alle Teile verschiedenen Kategorien zuordnen, die jeweils bestimmte Funktionen des gesamten Fahrrads ausüben.

Der Rahmen ist das Skelett des Rads, an dem alle Komponenten befestigt sind. Die Gabel hält das Vorderrad und ist mit dem Lenker verbunden, damit man das Rad steuern kann.

Über den Antrieb wird die Energie des Fahrers über die Pedale und Kurbeln auf das Hinterrad übertragen. Er besteht aus mehreren Zahnrädern, auch genannt Kettenblätter und Zahnkränze, auf denen die Kette läuft.

Die Schaltwerke (auch als Umwerfer bezeichnet) wechseln die Gänge, indem sie die Kette auf verschiedene Kettenblätter oder Zahnkränze bewegen. Sie werden von den Schalthebeln gesteuert, die am Lenker mon-

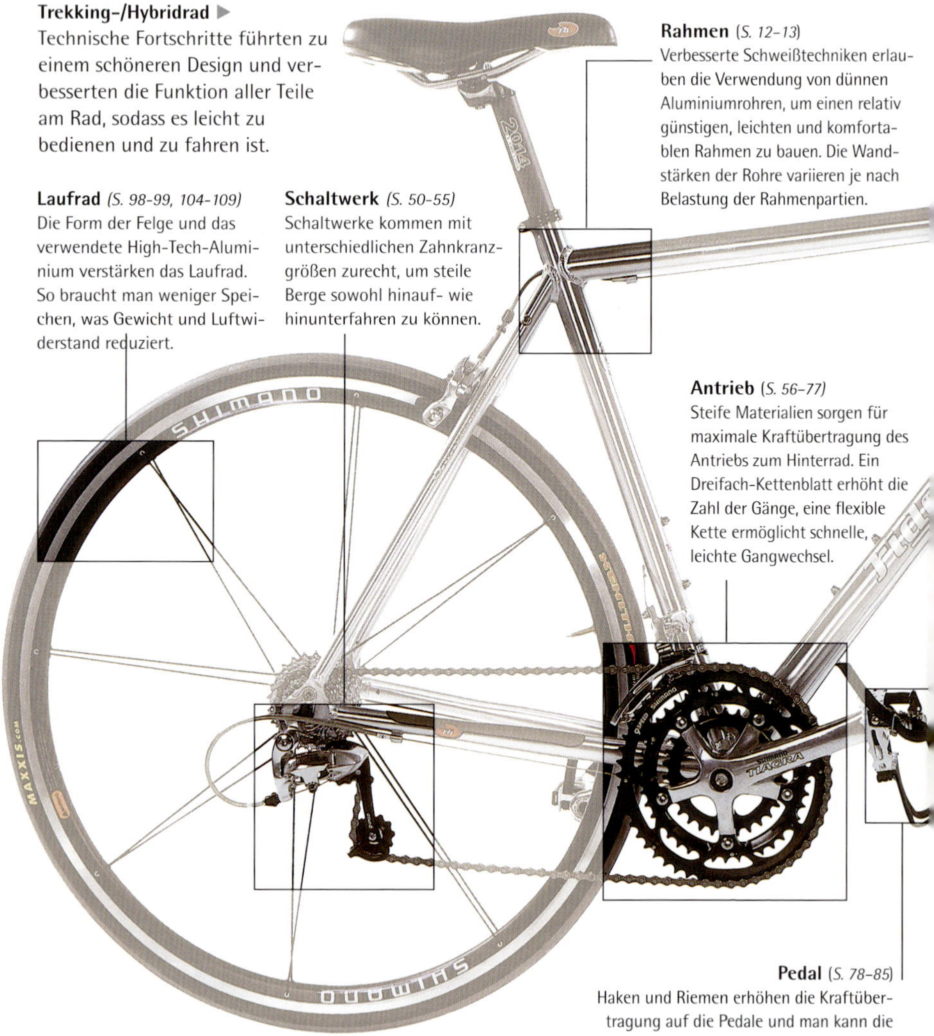

Trekking-/Hybridrad ▶
Technische Fortschritte führten zu einem schöneren Design und verbesserten die Funktion aller Teile am Rad, sodass es leicht zu bedienen und zu fahren ist.

Rahmen *(S. 12–13)*
Verbesserte Schweißtechniken erlauben die Verwendung von dünnen Aluminiumrohren, um einen relativ günstigen, leichten und komfortablen Rahmen zu bauen. Die Wandstärken der Rohre variieren je nach Belastung der Rahmenpartien.

Laufrad *(S. 98–99, 104–109)*
Die Form der Felge und das verwendete High-Tech-Aluminium verstärken das Laufrad. So braucht man weniger Speichen, was Gewicht und Luftwiderstand reduziert.

Schaltwerk *(S. 50–55)*
Schaltwerke kommen mit unterschiedlichen Zahnkranzgrößen zurecht, um steile Berge sowohl hinauf- wie hinunterfahren zu können.

Antrieb *(S. 56–77)*
Steife Materialien sorgen für maximale Kraftübertragung des Antriebs zum Hinterrad. Ein Dreifach-Kettenblatt erhöht die Zahl der Gänge, eine flexible Kette ermöglicht schnelle, leichte Gangwechsel.

Pedal *(S. 78–85)*
Haken und Riemen erhöhen die Kraftübertragung auf die Pedale und man kann die Füße schnell vom Pedal nehmen.

tiert sind, damit der Fahrer sie schnell und einfach erreichen kann. Bremshebel, ebenfalls am Lenker befestigt, betätigen die Bremsen, die wiederum Bremsklötze gegen die Radfelgen drücken, um das Rad anhalten zu können.

High-Tech-Maschine ▶
Viele Jahre der Designverbesserung haben ein anpassungsfähiges Trekkingrad hervorgebracht, das Technik von Rennrad und Mountainbike vereint und im Straßenverkehr benutzt wird.

Schalthebel (*S. 44–49*)
Ergonomisch geformte Schalthebel wurden für Mountainbikes entwickelt. Sie erlauben leichte, schnelle Gangwechsel.

Bremse (*S. 110–137*)
Die Felgenbremse wurde für Rennräder entwickelt. Die zweifache Lagerung ähnelt der Funktionsweise von bissigen Mountainbike-Bremsen, das schlanke Design verbessert die Aerodynamik des Rads.

Gabel (*S. 140–147*)
Gabeln werden mit verschiedenen Wandstärken gebaut. Die Rohre sind dünn in der Mitte, wo sie wenig belastet sind, und an den Enden dicker. Dies verringert Gewicht und erhöht die Dämpfung.

Reifen (*S. 106–107*)
Moderne Reifen werden aus Gummikomponenten hergestellt, die auf der Straße gut rollen und in Kurven griffig sind. Oft sind pannenresistente Materialien, wie Kevlar, unter der Lauffläche eingearbeitet.

Aufbau des Rads

Wenn man versteht, wie die Teile des Rads zusammenpassen, werden die Wartungsarbeiten einfacher. Selbst wenn Ihr Rad sich von dem abgebildeten Mountainbike (rechts) unterscheidet, sind doch alle Räder gleich aufgebaut. Beispielsweise erfüllen die Schnellspannhebel der Laufräder unten die gleiche Funktion wie die Schrauben an einem Rad mit Nabenschaltung.

Die hauptsächlichen Teile und Komponenten, und wie sie am Rad befestigt sind, wird am Mountainbike verdeutlicht. Betrachten Sie die Illustration sorgfältig und in Ruhe. Sie stellt eine gute Hilfe für viele der Schritte dar, die später im Buch beschrieben werden.

Mountainbike ▶
Das Mountainbike ist ein gutes Beispiel dafür, wie Teile zusammenarbeiten, da es den gleichen Rahmen, Laufräder, Antrieb, Pedale, Schaltwerke, Bremsen und Schalthebel besitzt wie Renn- und Hybridräder.

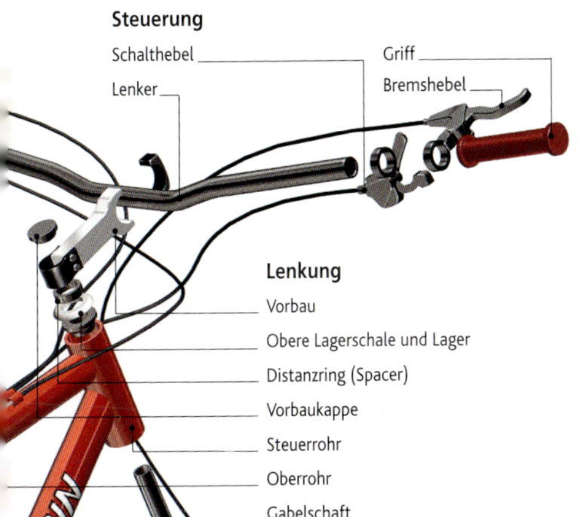

Das zusammengebaute Rad

Radteile sind nach identischen Prinzipien an- und zusammengebaut, sodass man mit ein paar grundlegenden Arbeitsregeln alle Wartungsarbeiten durchführen kann *(S. 26–27)*. Oft sind Inbusschrauben verbaut, sodass man für viele Arbeiten lediglich ein Inbus-Multitool benötigt.

Räder für jeden Zweck

Man kann ein Bike für jeden erdenklichen Einsatzzweck kaufen, aber bereits ein einfaches Gebrauchsrad wie ein Holland-, ein Trekking- oder ein Faltrad wird Ihre Fitness verbessern, Geld für Fahrkarten sparen und die Umwelt schonen. Ist das Rad von guter Qualität, muss man es lediglich sauber halten und regelmäßig auf Abnutzung untersuchen. Trekkingräder, Stadt- und Falträder sind zuverlässige Maschinen für den Alltagseinsatz, wie den Weg zur Arbeit oder zur Schule, Einkäufe oder für den gemütlichen Ausflug in den Park oder über Land.

Das Trekking- oder Hybridrad
Durch leichte Materialien, kombiniert mit effizienten Rennradteilen und robuster Mountainbiketechnik, sind Hybridräder ideal für den Einsatz im rauen Straßenverkehr. Sie eignen sich perfekt fürs Pendeln, als Fitnessgerät, für Touren mit leichtem Gepäck.

Das Stadt- oder Hollandrad
Diese Räder sind ideal für kurze Wege zur Arbeit oder zum Einkaufen. Sie besitzen dickere Reifen, die Unebenheiten abfedern, längere Strecken aber anstrengend und unangenehm machen.

Das Faltrad
Perfekt für Pendler und für Menschen, die wenig Stauraum für ein normales Rad zur Verfügung haben: Falträder kann man überallhin mitnehmen, vor allem auch in öffentlichen Verkehrsmitteln. Das Faltrad lässt sich leicht und ohne Werkzeug in ein perfektes Transportmittel verwandeln.

Im Stadtverkehr
Mit seiner aufrechten Sitzposition für den Überblick im Verkehr und seiner leicht zu bedienenden Schaltung ist das leichte Trekkingrad ideal für Pendler.

Checkliste für die Wartung

Trekkingrad

- Regelmäßig Schaltwerke und Zahnräder warten und schmieren *(S. 52-53, 54-55).*
- Die Schaltzüge auf Abnutzung prüfen *(S. 39, 48-49).*
- Die Bremszüge auf Abnutzung prüfen *(S. 39, 116-117).*
- Die Reifen auf Abnutzung prüfen *(S. 39).*
- Regelmäßig die Kette austauschen *(S. 64-65).*

Stadtrad

- Regelmäßig die Nabenschaltung warten und schmieren *(S. 58-59, 60-61).*
- Regelmäßig die Schaltzüge auf Abnutzung prüfen *(S. 39).*
- Regelmäßig die Bremszüge auf Abnutzung prüfen *(S. 116-117).*
- Regelmäßig die Bremsklötze auf Abnutzung prüfen *(S. 38).*
- Regelmäßig die Kette reinigen und schmieren *(S. 28-29, 30-31).*

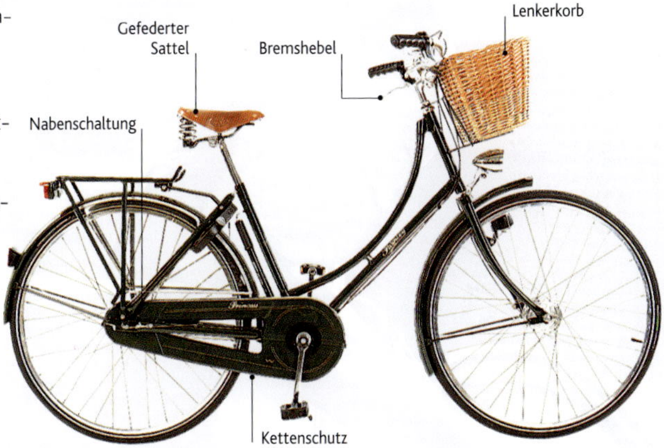

Faltrad

- Regelmäßig die Gelenke und Verschlüsse für den Faltmechanismus prüfen und schmieren.
- Regelmäßig die Nabenschaltung prüfen, auch wenn sie geschützt ist und wenig Wartung benötigt *(S. 58-59, 60-61).*
- Prüfen Sie häufig die Kabelzüge auf Knicke *(S. 39, 48-49).*

Spezialräder

Falls Sie Radfahren eher als Sport oder als neues Hobby beginnen, statt es nur als Transportmöglichkeit zu sehen, sollten Sie ein spezielles Rad wählen, wie ein wettkampftaugliches Rennrad, ein Mountainbike oder ein BMX-Rad.

Je spezialisierter die Räder werden, desto mehr Pflege benötigen sie. Beispielsweise nutzen sich leichte Teile schneller ab, weswegen sie absolut sauber gehalten werden müssen. Felgen aus Carbon brauchen spezielle Bremsklötze, die auf Metall schlecht funktionieren. Hydraulische Scheibenbremsen und Dämpfer erfordern regelmäßige Wartung.

Lassen Sie sich aber deswegen nicht davon abhalten, Ihr Traumrad zu kaufen. Genau so viel Spaß wie das Fahren damit bereitet, wird auch die perfekte Wartung zu einem Teil der ganzen Rad-Erfahrung werden.

Das Rennrad
Durch leichte Materialien und schmale Reifen sind Rennräder ideal für Fitness, Touren und Rennen. Die aerodynamische Haltung durch den tief gezogenen Rennlenker ermöglicht hohe Geschwindigkeiten. Rennräder sind leicht und besitzen ein großes Übersetzungsspektrum, sodass fast jedermann mit ein wenig Training auch die großen Alpenpässe bezwingen kann.

Das Mountainbike
Voll gefederte Mountainbikes erschließen neue Perspektiven und raues Terrain, das zuvor als unfahrbar angesehen wurde, und dies in Geschwindigkeiten, die bisher als unmöglich galten.

Das BMX-Rad
Diese Räder sind auf Beschleunigung und schnelles Handling ausgelegt. Wie die ersten Fahrräder sind BMX-Räder nahezu komplett aus Stahl gefertigt, da es eine unerreichte Kraftübertragung ermöglicht.

Rennrad fahren
Dieses Rennrad verkörpert die höchste Stufe des Rennrad-Baus und wird so von Profi-Fahrern bei der Tour de France eingesetzt.

Checkliste für die Wartung

Rennrad

- Regelmäßig das Rad reinigen und schmieren *(S. 28-29, 30-31)*.
- Sicherheitschecks regelmäßig durchführen *(S. 32-33)*.
- Bremsen überprüfen *(S. 118-119)*.
- Prüfen, ob die Schaltung perfekt funktioniert *(S. 52-53, 54-55)*.
- Wenn Carbon-Komponenten mit anderen Materialien verbunden sind, die Oberfläche der Verbindung mit Kupferpaste versehen *(S. 30-31)*.

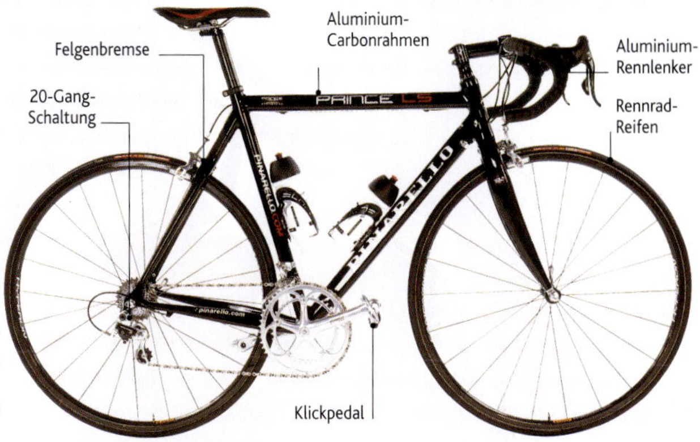

Mountainbike

- Die Federung richtig einstellen *(S. 142-143, 150-151)*.
- Regelmäßig die Federung reinigen und schmieren *(S. 144-145, 146-147)*.
- Alle Gelenke und Dichtungen regelmäßig überprüfen.
- Regelmäßig Bremszüge und -beläge prüfen *(S. 38-39, 116-117)*.
- Die Kassette alle sechs Monate ersetzen *(S. 66-67)*.
- Den Steuersatz regelmäßig warten *(S. 90-91, 92-93)*.

BMX-Rad

- Regelmäßig das Innenlager auf leichten Lauf und festen Sitz prüfen *(S. 76-77)*.
- Pedale austauschen, falls die Achsen verbogen sind *(S. 80-81)*.
- Die Bremsen so einstellen, dass sie möglichst schnell greifen, da die steifen Stahlfelgen keine guten Bremseigenschaften besitzen *(S. 124-125)*.

Einstellen der Sitzposition

Sind Sattelhöhe und -position richtig eingestellt und die Bremshebel so justiert, dass sie leicht zu erreichen sind, wird das Radfahren bequemer und effektiver. Als Einsteiger sollte man zunächst die Sattelhöhe etwas tiefer einstellen und mit zunehmender Praxis den Sattel wieder etwas höher positionieren.

Position am Rad

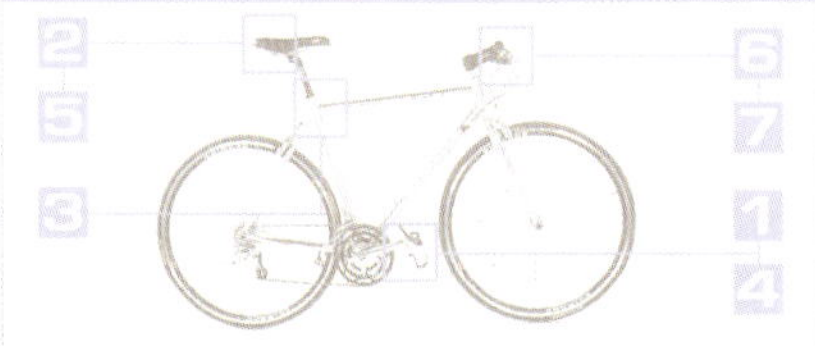

Werkzeug

- Multi-Tool mit Inbus
- Maulschlüssel
- Schraubendreher

Sitzposition einstellen

1 **Ziehen Sie die Schuhe aus** und setzen Sie sich aufs Rad, während Sie sich an eine Wand lehnen.

- Drehen Sie die Kurbel auf der abgewandten Seite der Wand zum tiefsten Punkt.
- Platzieren Sie Ihre Ferse auf das Pedal. Dabei sollte Ihr Bein gestreckt sein. Bitten Sie einen Helfer, dies zu überprüfen.

4 **Stellen Sie den breitesten Teil** Ihres Fußes aufs Pedal. Fahren Sie mit Schuhplatten, sollten diese so eingestellt sein, dass Sie diese Position einnehmen *(S. 84-85)*.

- Stellen Sie die Kurbeln waagerecht zum Boden. Die Einbuchtung Ihres vorderen Knies, gleich hinter der Kniescheibe, sollte sich direkt über der Pedalachse befinden. Ihr Helfer sollte dies überprüfen.

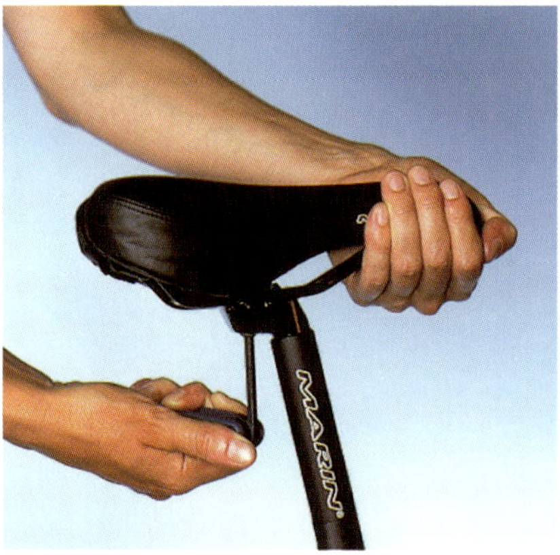

5 **Schieben Sie den Sattel nach hinten,** falls die Einbuchtung am Knie vor der Pedalachse liegt. Liegt sie dahinter, schieben Sie den Sattel nach vorne.

- Öffnen Sie die Sattelklemmung unter dem Sattel. An modernen Rädern geht dies mit einem Inbusschlüssel, an älteren mit einem Maulschlüssel.
- Wiederholen Sie die Schritte 4 und 5 bis Sie sicher sind, dass die Position passt.

2 **Sattel erhöhen,** falls Ihr Bein mit der Ferse auf dem Pedal nicht gestreckt sein sollte. Stellen Sie den Sattel niedriger, wenn Sie nicht bis zum Pedal reichen.

- Öffnen Sie die Sattelrohrklemmung. Den Sattel höher oder tiefer stellen, Klemmung festziehen und erneut probieren. Ihr Helfer sollte prüfen, ob das Bein gestreckt ist. Lehnen Sie sich nicht auf die Seite des Fußes, der unten steht.

3 **Um absolut sicherzugehen,** dass die Sattelhöhe für Sie passt, unternehmen Sie eine Probefahrt in Ihren Radschuhen und der normalen Position auf den Pedalen.

- Ihr Helfer sollte hinter Ihnen fahren und überprüfen, ob sich Ihre Hüften auf und ab bewegen. Ist dies der Fall, steht der Sattel zu hoch und Sie müssen nochmals Schritte 1 und 2 durchgehen.

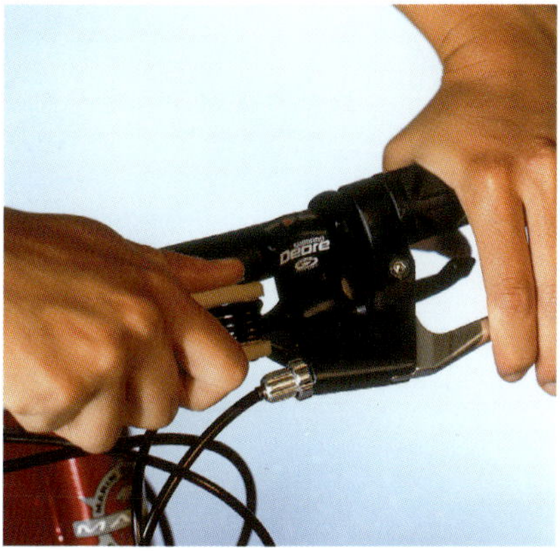

6 **Stellen Sie die Reichweite** der Bremshebel für kleine Hände und kurze Finger ein.

- Hängen Sie die Bremsen aus, und schrauben Sie die Einstellungsschaube an beiden Hebeln hinein, bis Sie die Bremshebel angenehm erreichen können. Dann Bremsen wieder einhängen.
- Stellen Sie den Winkel der Bremshebel so ein, dass sich Ihre Hände beim Greifen in einer Linie mit Ihren Unterarmen befinden.

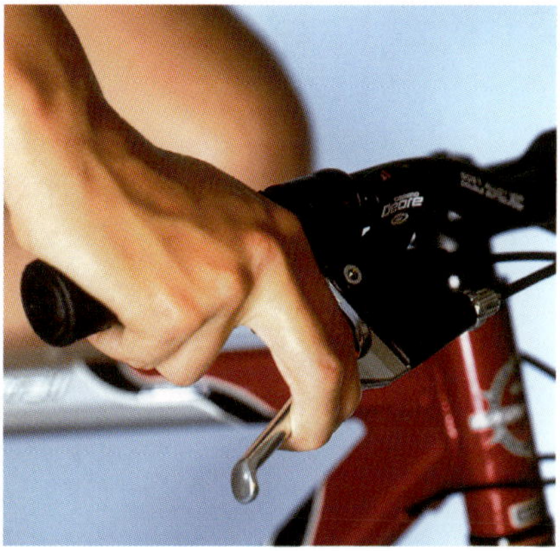

7 **Prüfen Sie, ob Sie die Bremshebel** mit den ersten Gliedern von Zeige- und Mittelfinger erreichen können, während Sie mit den anderen Fingern den Lenker sicher greifen. Sie sollten die Finger über den Hebel beugen können. Müssen Sie die Finger zu sehr strecken, können Sie nicht genügend Kraft ausüben.

Kinderrad einstellen

Bevor ein Kind mit dem Radfahren beginnt, stellt man Sattel und Lenker auf die Körpergröße des Kindes ein. Den Sattel auf die tiefste Position wie in Schritt 1. Kaufen Sie zunächst das größtmögliche Rad und stellen Sie es neu ein, wenn das Kind wächst. Kinderräder werden normalerweise nach der Größe der Laufräder bemessen – von 30 cm (12 Zoll) bis 60 cm (24 Zoll).

Position am Rad

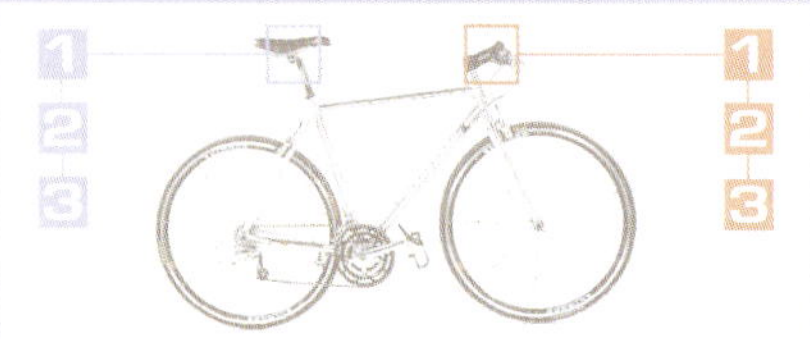

Werkzeug

- Inbus-Multitool
- Maulschlüssel
- Karosseriehammer

Die Sattelposition einstellen

1 **Stellen Sie die Sattelhöhe** des Kinderrads so ein, dass Ihr Kind auch im Sitzen noch mit den Fußballen den Boden berühren kann. Dies ist die ideale Einstellung.

Die Lenkerhöhe einstellen

1 **Den Lenker stellt man höher oder tiefer,** indem man die Schraube im Vorbau löst. Die Klemmschraube wird meist durch eine Inbus- oder Sechskantschraube gehalten. Verwenden Sie also einen Inbus oder einen Maulschlüssel.

- Schlagen Sie den Vorbau mit einem Karosseriehammer nach unten, falls nötig.

2 **Klemmen Sie das Vorderrad** zwischen Ihre Beine, um es zu fixieren, und ziehen dann den Lenker nach oben oder drücken ihn nach unten. Den Lenker nicht über die Sicherheitsmarkierung am Vorbau hinaus ziehen. Ist der Lenker auf der richtigen Höhe und der Vorbau nach dem Vorderrad ausgerichtet, ziehen Sie die Vorbauschraube an.

2 **Öffnen Sie die Schraube** der Sattelrohr-Klemmung – entweder ist sie mit einem Schnellspanner versehen oder geschraubt, sodass Sie einen Maulschlüssel benötigen. Den Sattel nach oben oder nach unten verstellen, wie benötigt.

3 **Verschieben Sie den Sattel** nach vorne oder hinten, nachdem Sie die Schraube gelöst haben, welche die Sattelstreben fixiert. Ziehen Sie die Schraube wieder an. Der Sattel sollte waagerecht stehen.

3 **Verstellen Sie den Sattel** und Lenker falls nötig nochmals, damit Ihr Kind in einer idealen Position auf dem Rad sitzt – weder zu aufrecht noch zu gestreckt.

2

So warten Sie Ihr Fahrrad

Ihr Fahrrad sollte immer gereinigt und gut geschmiert sein, um technische Probleme zu vermeiden. Wenn Sie die regelmäßige Reinigung, das Schmieren und die Sicherheitschecks zur Routine machen, wird das Leben der Komponenten und des Rads entscheidend verlängert.

Werkzeug

Wenn Sie Ihr Fahrrad regelmäßig warten und reparieren, benötigen Sie einen Werkzeugsatz oder müssen sich die entsprechenden Werkzeuge zusammenstellen. Mit den Werkzeugen auf der rechten Seite können Sie alle Basis-Arbeiten durchführen und Ihr Rad immer perfekt in Schuss halten. Kaufen Sie neues Werkzeug, wenn Sie es benötigen, um spezielle Teile auszutauschen oder zu reparieren. Befolgen Sie jedoch immer ein paar Grundsätze beim Einsatz der Werkzeuge.

Beim Einsatz von Werkzeug an Fahrrädern, vor allem an leichten Rädern, sollte man immer behutsam arbeiten. Im Vergleich zu Arbeiten an Autos sollte man für Räder weniger Kraft anwenden. Muttern und Schrauben müssen zwar fest angezogen werden, scheren aber ab, wenn man sie zuknallt. Sind Sie sich nicht sicher, kaufen Sie einen Drehmomentschlüssel, der die Stärke der Anzugskraft für die Schrauben und Muttern des Rads genau misst. Beachten Sie die empfohlenen Anzugsmomente des Herstellers in der Bedienungsanleitung. Daher heben Sie am besten alle Anleitungen auf, die dem Rad und den gekauften Teilen beigefügt sind.

Kaufen Sie das beste, solide gearbeitete Werkzeug. Es wird lange halten, wenn Sie sich gut darum kümmern. Billiges Werkzeug wird sich verbiegen und abnützen, sodass man manche Wartungsarbeiten nicht korrekt ausführen kann. Es könnten sogar Komponenten bei der Arbeit beschädigt werden.

Arbeit mit dem Werkzeug
Bei Reparatur- oder Wartungsarbeiten am Rad sollte man genügend Platz besitzen und in einer sauberen, gut beleuchteten Umgebung arbeiten.

Wichtige Werkzeuge

Grundstock für den Werkzeugsatz sind zwei Multitools, Schraubenschlüssel für Konen, Spitzzange, Bowdenzugschneider, eine Pumpe und ein Reparaturständer.

Pumpen und Reparaturständer

Schrauben- und Inbusschlüssel

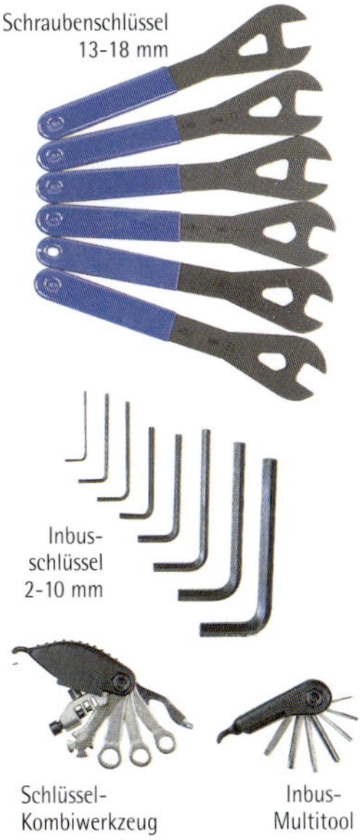

Hammer

Kette, Tretlager, Ritzel

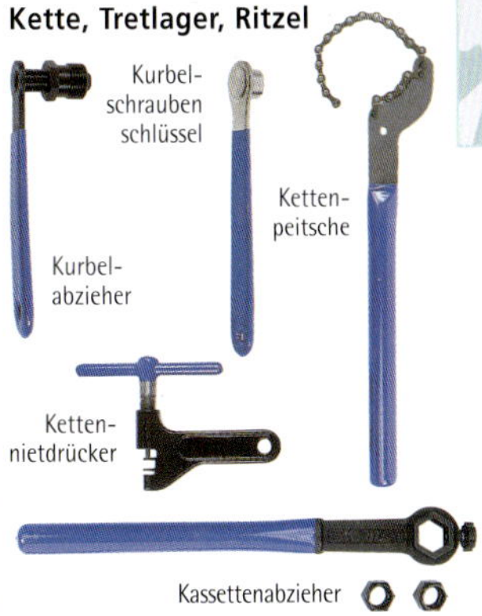

Innenlagerschlüssel

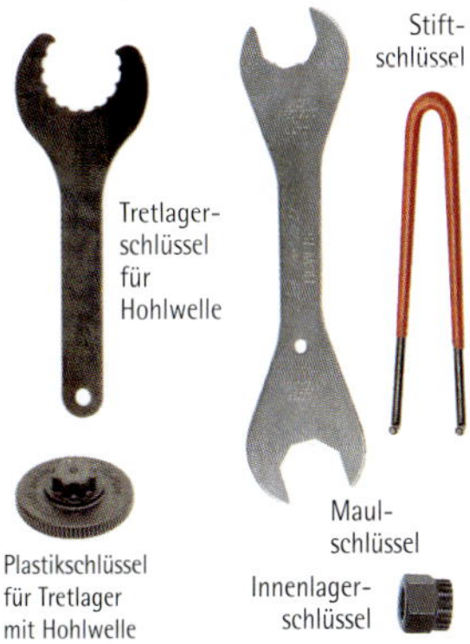

Zangen und Kabelschneider

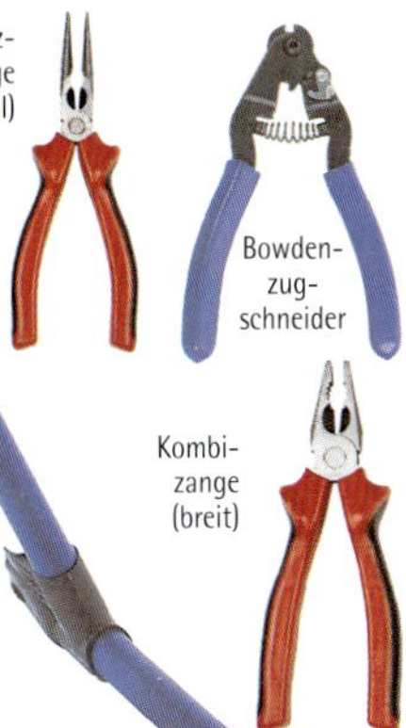

Spezialwerkzeuge

Manche Wartungs- und Reparaturarbeiten erfordern Spezialwerkzeug, das man nicht oft benötigt. Andere Werkzeuge, wie die Kabelzugzange, sind nicht unbedingt nötig, erleichtern aber manche Arbeiten.

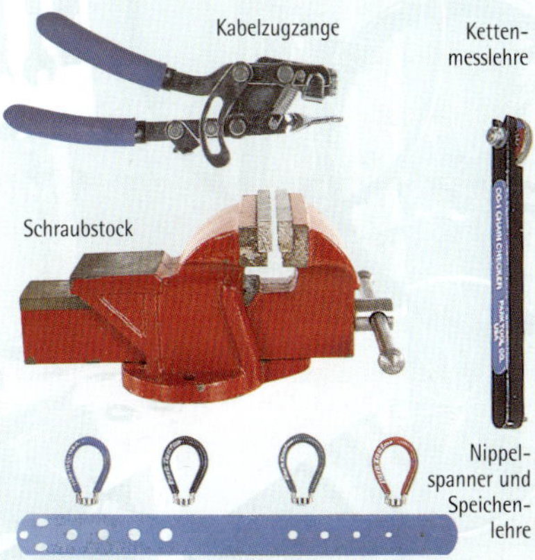

Werkstatt-Tipps

Vier wichtige Tipps gibt es für das Schrauben am Rad. Der beste: Ordnung – bestimmen Sie einen Ort für jedes Werkzeug, und legen Sie es dort wieder ab, nachdem Sie es benutzt haben. Zweitens: Wenden Sie keine Gewalt beim Festziehen von Teilen an – Schrauben und Bolzen von Leichtbauteilen können leicht abreißen. Drittens: Merken Sie sich die Abfolge der Teile beim Zerlegen. Schließlich: Halten Sie Ihr Werkzeug trocken und sauber. Die hier genannten Ratschläge sind Grundlagen für die Verwendung des häufig benutzten Werkzeugs oder bestimmter Reparatur-Vorgänge.

Inbus-Schlüssel

Benutzen Sie den langen Teil des Inbus-Schlüssels, um manche Arbeiten zu erleichtern: für viele Umdrehungen oder wenn man wenig Platz hat, um den Schlüssel anzusetzen,wie bei der Montage eines Flaschenhalters am Unterrohr.

Benutzen Sie den kurzen Teil, um eine Schraube anzuziehen – beispielsweise am Kettenblatt. Mit der gleichen Technik kann man Inbusschrauben auch öffnen.

Maulschlüssel

Benutzen Sie immer die passende Größe des Maulschlüssels für die Schraube, die Sie anziehen oder lösen. Halten Sie den Schlüssel immer am Ende, um den größten Hebel auszunützen. Der Maulschlüssel muss dabei gut sitzen.

Zangen

Spitzzangen benutzt man für Züge, um sie zu spannen. Kaufen Sie eine schmale Spitzzange für enge Stellen. Die Backenflächen sollten sauber und fettfrei sein. Ölen Sie ab und zu das Gelenk.

Montieren Sie eine Zugendkappe, um ein Bremskabel vor dem Ausfransen zu schützen. Die Kappe fest auf das Zugende aufsetzen und flach quetschen. Dies kann man mit der Innenseite des Bowdenzugschneiders tun.

Züge kürzen

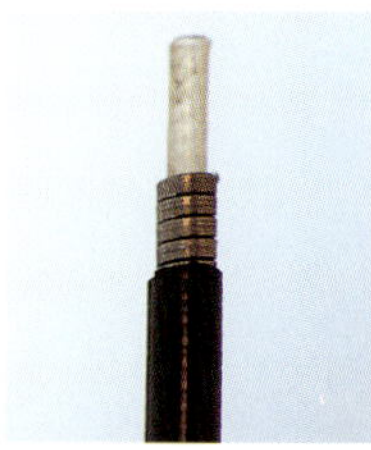

Schneiden Sie ein Bremskabel zwischen den Spiralen der Außenhülle unter dem Kunststoff durch. Wird die Spirale gequetscht, drücken Sie das Metall mit einer Zange wieder in eine runde Form.

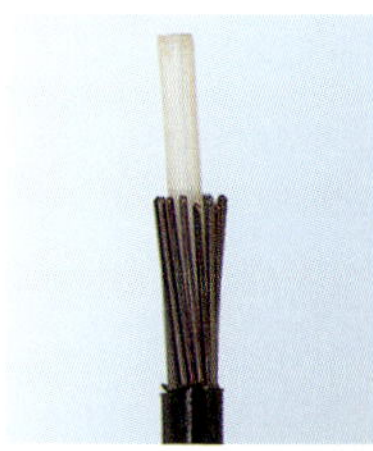

Schneiden Sie einen Schaltzug komplett durch die Drähte unter der Kunststoffhülle. Falls die Drähte zusammengedrückt werden, biegen Sie sie wieder auf, damit die Hülle rund bleibt.

Ordnung in der Werkstatt
Mit regelmäßigen Wartungs- und Reparaturarbeiten können Sie Ihr Rad topfit halten. Haben Sie genügend Platz, sollten Sie eine eigene Werkstatt dafür einrichten, in der alle Werkzeuge fürs Rad aufbewahrt werden. Die Werkstatt sollte trocken und gut beleuchtet sein – und beachten Sie die vier wichtigsten Tipps.

Reinigen des Rads

Obwohl ein Rad grundsätzlich unempfindlich und ein sehr effizientes Gerät ist, sind einige Teile doch den Elementen ausgesetzt. Staub und Schmutz haften beispielsweise an Schmiermitteln und wirken wie Schmirgelpapier. Reinigen Sie daher diese Teile regelmäßig, damit sie reibungslos funktionieren.

Beim Reinigen können Sie auch alle Bereiche und Teile auf Beschädigungen prüfen. Mit ausgebauten Laufrädern lassen sich Stellen inspizieren, die sonst verborgen bleiben und alle Komponenten auf gefährlichen Verschleiß untersuchen *(S. 32-33, S. 38-39)*.

Grundsätzlich ist Putzen einfach. Zunächst entfernt man alte Schmiermittel mit einem Entfetter. Dann wäscht man den Schmutz mit Wasser und Reinigungsmittel ab. Schließlich spült, trocknet und schmiert man die ausgesetzten beweglichen Teile.

Das Putzset

• Eimer • Schwämme • Entfetter • Tuch • Harte Bürste • Kassettenkratzer

Schmutz und Öl entfernen

1 **Bauen Sie beide Laufräder** aus und spannen das Rad in einen Reparaturständer oder hängen es auf.

• Montieren Sie einen Kettenhalter, um die Kette zu spannen, wenn das Hinterrad ausgebaut ist. So kann die Kette frei laufen und ist besser zu säubern.

• Entfernen Sie mit Entfetter altes Öl und Schmutz. Sprühen Sie ihn auf die Kettenblätter, die Schaltwerke und auf jedes Glied der Kette.

4 **Reinigen Sie den Rest des Laufrads,** auch die Reifen, mit einer größeren Bürste und Seifenwasser.

• Gehen Sie mit der Bürste zwischen die Speichen und an den Nabenflansch. Spülen Sie mit klarem Wasser nach und trocknen Sie alles mit einem Tuch ab.

5 **Falls immer noch Öl oder Schmutz am Antrieb** kleben, sprühen Sie nochmals Entfetter auf Kettenblätter und Umwerfer *(kl. Foto)*.

• Tauchen Sie den Schwamm in heißes Seifenwasser und greifen damit um die Kette. Drehen Sie die Kurbeln, und ziehen die Kette durch den Schwamm.

• Benutzen Sie denselben Schwamm, um das hintere Schaltwerk zu reinigen, vor allem die Röllchen.

2 **Benutzen Sie einen Kassettenkratzer,** um Schmutz und Rückstände zu entfernen, die sich zwischen den Ritzeln angesammelt haben.

3 **Verwenden Sie eine harte Bürste** für die Kassette, sodass der Entfetter auch in die Zwischenräume der Ritzel gelangt. Lassen Sie den Entfetter einige Minuten einwirken und spülen ihn dann mit Seifenwasser aus.

6 **Reinigen Sie mit jeder Menge Seifenwasser** und einem anderen Schwamm das restliche Rad. Oben beginnen und nach unten arbeiten.

- Benutzen Sie harte Bürsten in unterschiedlichen Größen, um schwer erreichbare Stellen zu säubern.
- Spülen Sie mit klarem Wasser nach und trocknen Sie das Rad ab.
- Benutzen Sie einen Schwamm, um an enge Stellen zu gelangen, wie zwischen den Bremsarmen und den Belägen.
- Bauen Sie die Laufräder aus und tragen Sie sparsam leichtes Öl auf die Kette und die beweglichen Teile der beiden Schaltwerke auf.

Schmieren und Ölen des Rads

Durch regelmäßiges Schmieren läuft ein Rad schön leicht, und starker Abrieb und Abnutzung werden verhindert. Vergessen Sie nicht, altes Öl und Fett zunächst mit einem Entfetter zu entfernen *(S. 28-29)*, bevor Sie Teile neu schmieren. Schmiermittel einfach auf vorhandenes aufzutragen funktioniert nicht, da es Schmutz anzieht und eine schmirgelnde Paste bildet, die Beschädigungen hervorruft.

Die benötigten Schmiermittel variieren von leichtem Sprühöl (trockene Verhältnisse) und schwerem Öl (Nässe und Matsch) bis zu leichtem Fett, speziell für Radkomponenten und Mitteln gegen Festsetzen.

Position am Rad

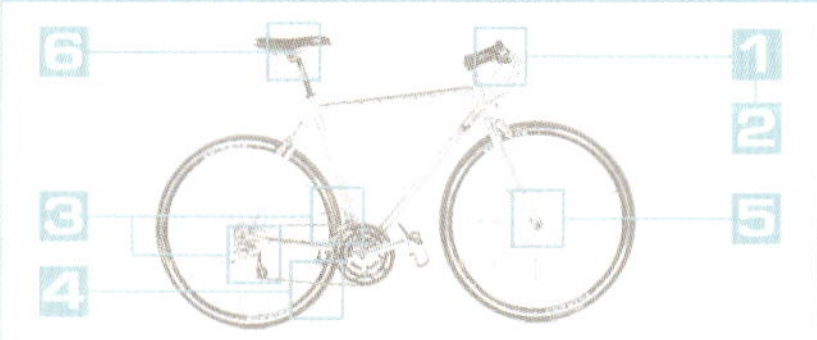

Öl und Fett auftragen

1 **Tropfen Sie leichtes Öl in** die Zughüllen, bevor Sie neue Kabel montieren. So läuft der Innenzug immer reibungslos. Probleme mit der Schaltung werden oft durch trockene Bowdenzüge verursacht. Gleiches gilt für schwer gängige Bremsen, die sich nur langsam wieder öffnen.

3 **Tropfen Sie einmal wöchentlich** leichtes Öl in die Gelenke der Schaltwerke. Die Schaltröllchen des hinteren benötigen auch ein wenig davon auf ihren Achsen.

- Spülen Sie auf jeden Fall zuvor altes Öl mit Entfetter aus.

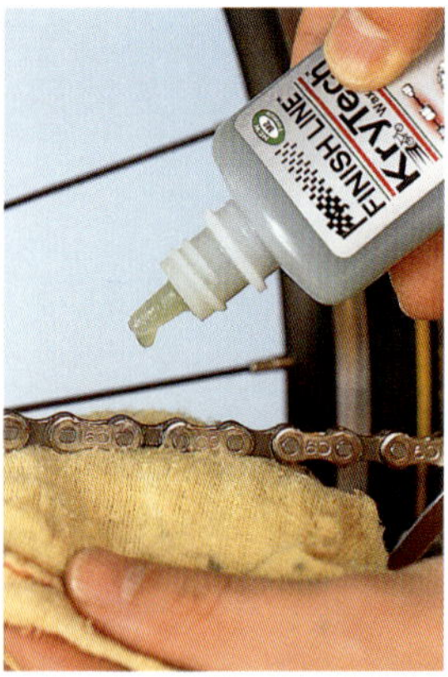

4 **Ölen Sie die Kette** nach Fahrten im Nassen. Beim Putzen sollte die Kette gesäubert, getrocknet und geschmiert werden *(S. 28-29)*. Außer im Winter oder bei schlechtem Wetter verwenden Sie dazu leichtes Öl.

- Mit einem Lappen überschüssiges Öl auffangen.

5 **Schmieren Sie offene Lager** mit einem speziellen leichten Fett für Räder, nachdem Sie sie gereinigt haben. Innenlager und Naben benötigen die meiste Pflege, Steuersätze weniger. Ist man oft im Regen unterwegs, sollte man die Schmierungsintervalle verkürzen.

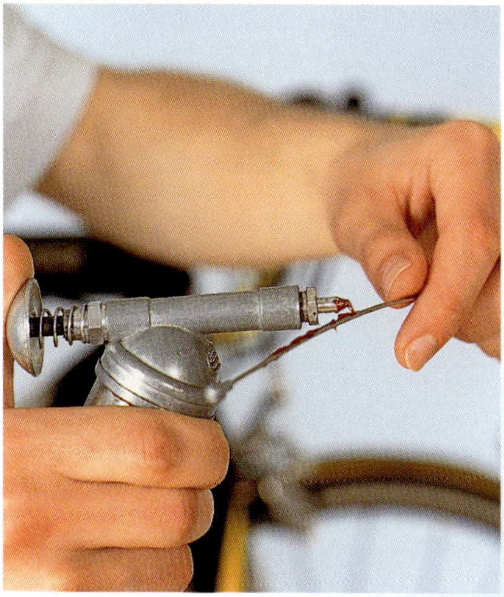

2 **Fetten Sie alle neuen Züge,** und ab und zu auch die eingebauten.

- Ziehen Sie den Zug durch Daumen und Zeigefinger, nachdem Sie Fett auf das Ende des Zuges aufgetragen haben. Sie können auch Einweg-Handschuhe dazu anziehen.

6 **Setzen Sie Trennmittel ein,** um ein Festsetzen zu verhindern – an der Sattelstützenklemmung und am Vorbau, damit sich Sattelrohr oder Vorbau nicht festfressen. Man kann dazu auch Fett benutzen, für Carbonteile sollten Sie aber unbedingt eine kupferhaltige Trennpaste verwenden.

Routine-Sicherheitschecks

Einmal wöchentlich sollten Sie den Rahmen auf Abnutzung untersuchen. Vor der Fahrt führen Sie ein paar Routine-Checks durch, um das Risiko eines mechanischen Versagens zu reduzieren, wie Bremsen, die nicht funktionieren, ein lockerer Lenker, platte Reifen oder eine springende Schaltung. Mithilfe dieser Überprüfungen lassen sich viele Unfälle vermeiden. Mit den gezeigten Sicherheits-Checks hat man sein Rad immer im Griff und kann rechtzeitig Verschleißteile ersetzen oder Wartungsarbeiten durchführen.

Position am Rad

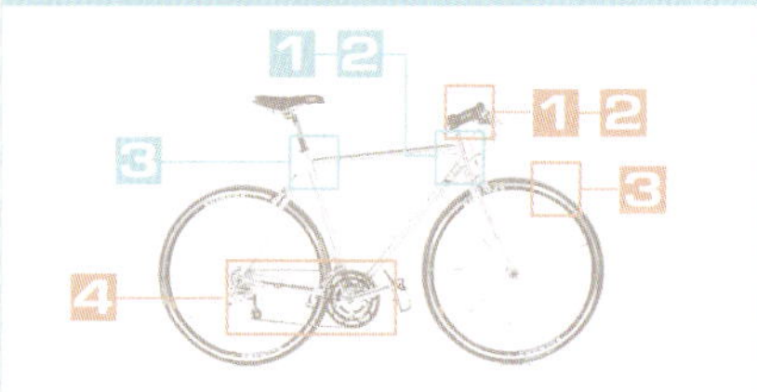

Öl und Fett auftragen

1 **Untersuchen Sie den Rahmen** einmal wöchentlich und achten Sie auf Materialermüdung. Fahren Sie mit dem Finger an der Unterseite am Unterrohr Richtung Steuerrohr entlang. Fühlen Sie eine Macke in der Oberfläche, kann dies zum Bruch führen.

- Überprüfen Sie die Schweißnähte der Verstärkung zwischen den Kettenstreben, vor allem bei einem Stahlrahmen. Hier kann es Risse geben, weil die Erwärmung des Schweißens das Metall schwächt.

Check vor der Fahrt

1 **Klemmen Sie das Vorderrad** zwischen die Beine und drücken Sie den Lenker nach beiden Seiten. Bewegt er sich, überprüfen Sie den Sitz der Schrauben an Vorbau und Lenker und ziehen Sie diese nach.

- Ziehen Sie den Lenker nach oben, um den Sitz zu prüfen.

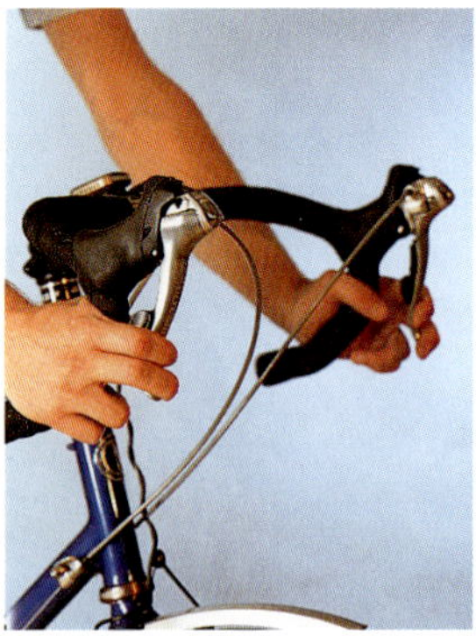

2 **Beide Bremsen ziehen** und das Rad vorwärts schieben. Kann man die Bremsen bis zum Griff durchziehen, bevor die Räder blockieren, Hebelweg einstellen oder Bremsbeläge ersetzen.

- Vorderbremse ziehen und ruckeln. Steuersatz einstellen, wenn man darin Spiel bemerkt.

3 **Rad hochheben,** langsam das Laufrad drehen und die Reifen auf Schnitte oder Blasen überprüfen. Falls Sie diese finden, Mantel ersetzen. Überprüfen Sie auch den Luftdruck.

- Prüfen Sie den festen Sitz von Schnellspannern und Radmuttern.

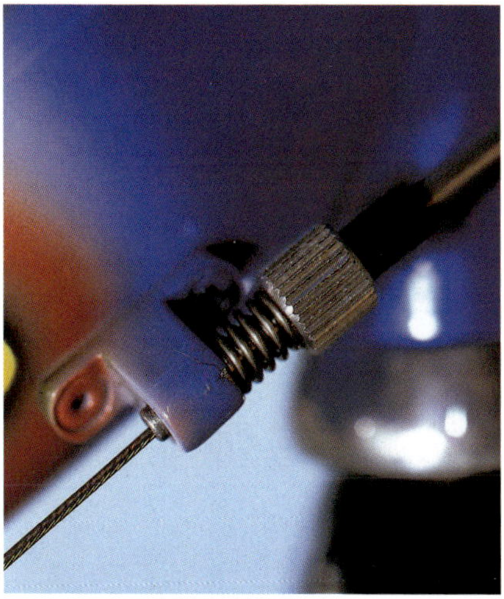

2 **Beobachten Sie alle Teile,** die an einen Aluminiumrahmen angenietet sind, wie Kabelführungen oder Umwerferbefestigungen. Dort kann es zu Rissen kommen. Nieten sind mögliche Schwachstellen des Rahmens, wo Schäden auftreten können.

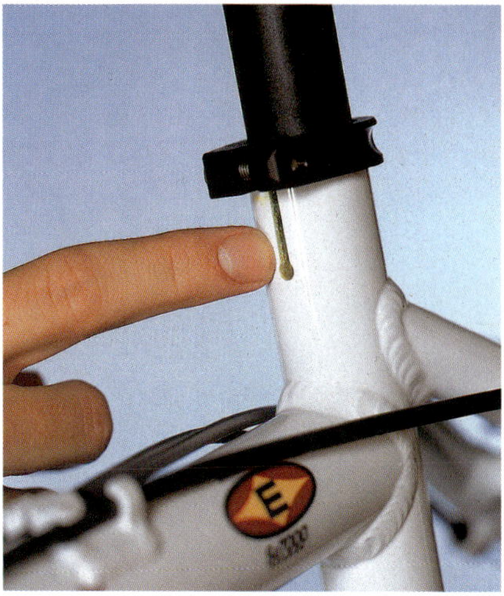

3 **Überprüfen Sie den Schlitz** unterhalb der Sattelstützenklemme, denn dieser kann an jedem Rahmen brechen. Der Schlitz unterbricht das Sitzrohr, sodass Belastung einen Riss hervorrufen kann.

Um sicherzugehen sollten Sie ausschließlich eine Sattelklemme montieren, deren Durchmesser genau zum Durchmesser des Sattelrohres passt.

4 **Schalten Sie alle Gänge durch** und überprüfen deren korrekte Einstellung. Gänge, die nach dem Schalten nicht richtig einrasten, sind ärgerlich und sogar gefährlich, weil man oft nach unten blickt, um nachzusehen. Ist die Schaltung eingestellt und die Kette springt trotzdem, sollten Sie nach einem steifen Kettenglied suchen.

Wartung

Mit einem Wartungsplan können Sie Arbeiten an ihrem Rad zeitlich festlegen. Der Plan rechts stellt ein gutes Muster dar, weil er die Arbeiten am Rad beschreibt und festlegt, wann diese durchzuführen sind.

Der Zeitplan ist abhängig davon, wie oft und wo man mit seinem Rad unterwegs ist. Ein Mountainbike, das ständig im Einsatz ist, erfordert viel kürzere Service-Intervalle als ein Straßenrad, das nur ab und zu benutzt wird und wenig Wartung benötigt.

Auch die hier beschriebenen regelmäßigen Wartungsarbeiten ersetzen nicht den Sicherheits-Check, den man vor jeder Fahrt durchführen sollte *(S. 32-33)* oder die Suche nach gefährlichen Stellen *(S. 38-39)*. Untersuchen Sie Ihr Rad auch jedes Mal beim Reinigen, und schmieren Sie den Antrieb dabei.

Wartungsplan

		Jede Woche
Antrieb	Prüfen	Kette auf Abnutzung *(S. 64-65)* Schaltung auf Funktion *(S. 46- 49, 52-55)* Züge auf Reibung und Hüllen auf Abnutzung *(S. 46-49)* Kurbeln und Kettenblattschrauben auf festen Sitz *(S. 68-69)*
	Schmieren	Kette ölen *(S. 30-31)* Schaltungsröllchen ölen *(S. 54-55)*
	Ersetzen	
Lenkung und Laufräder	Prüfen	Steuersatz auf Sitz und Leichtgängigkeit *(S. 90-93)* Funktion der Schnellspanner *(S. 104-105)* Laufräder auf gebrochene Speichen und Achter *(S. 108-109)* Lenker und Vorbau auf Risse *(S. 94-97)*
	Schmieren	
	Ersetzen	
Bremsen	Prüfen	Züge auf Reibung und Hüllen auf Abnutzung *(S. 114-1* Bremsklötze auf Abnutzung und Sitz *(S. 118-125, 128-129)* Hydraulikschläuche auf Knicke, Lecks und Abnützu *(S. 130-131)* Bremshebel, -scheiben und -zangen auf Risse *(S. 114-125, 128-133)* Scheiben- u. Sockelschrauben auf festen Sitz *(S. 130-*
	Schmieren	Offene Züge mit einem ölgetränkten Lappen abwischen
	Ersetzen	
Federung	Prüfen	Gabel und Dämpferoberfläche auf Risse *(S. 144-147, 150-151)* Tauchrohre unter Shockboots, falls montiert, auf R *(S. 142-143)* Rohrendkappen, Kronenschrauben und Schaftschra ben auf festen Sitz *(S. 140-141, 144-147)*
	Schmieren	Teflonöl auf Tauchrohre von Gabel und Dämpfer u auf alle Dichtungen *(S. 142-147, 150-151)*
	Ersetzen	

Jeden Monat	Alle sechs Monate
Tretlager auf leichten Lauf, Achse verbogen? *(S. 72-77)* Pedale auf Spiel, Klickpedale auf Spiel und Auslösemechanismus *(S. 80-83)* Schaltwerk hinten auf Spiel *(S. 54-55)* Ritzel und Kettenblätter auf Abnutzung *(S. 66-69)*	Freilauf-Körper und Freilauf auf Spiel *(S. 66-67)* Schraube des hinteren Schaltwerks auf festen Sitz *(S. 54-55)* Schuhplatten auf Abnutzung *(S. 84-85)* Schaltröllchen auf Abnutzung *(S. 54-55)*
Gelenke Schaltwerk ölen Züge und Bowdenzüge ölen und schmieren *(S. 30-31)* Mechanismus der Klickpedale ölen *(S. 40-41)*	Offenes Tretlager schmieren *(S. 74-75)* Nabenschaltung schmieren, falls mit Schmiernippel *(S. 58-59)* Pedallager schmieren *(S. 80-81)*
Kette auf viel gebrauchtem Rad	Kette *(S. 64-65)* Innenzüge und Kabel *(S. 46-49)* Ritzel eines stark benutzten Rads *(S. 66-67)*
Naben auf Spiel der Achse oder rauen Lauf *(S. 100-103)* Gummidichtungen der Naben auf Risse *(S. 100-103)* Schutzüberzug am Steuersatz *(S. 40-41)*	Offene Lager in Naben auf Abnutzung *(S. 100-101)* Lager und Laufflächen im Steuersatz auf Abnutzung *(S. 90-93)*
Die Dichtungen der Naben ölen *(S. 100-103)*	Offene Nabenlager schmieren *(S. 100-101)* Steuersatz schmieren *(S. 90-93)*
	Lenkerband und Griffe *(S. 94-97)*
Bremsscheiben auf Abnutzung und Bremssockel auf Sitz *(S. 130-131)* Funktion der Rücktrittbremse und Kettenspannung *(S. 136-137)*	
Züge schmieren und Zughüllen ölen *(S. 30-31, 114-117)*	Bremssockel schmieren *(S. 122-123)*
Bremsklötze stark benutzter Mountainbikes *(S. 120-121)*	Innenzüge und Kabel *(S. 114-117)*
Gabel und Stoßdämpfer auf Spiel *(S. 142-147, 150-151)* Standrohre auf sichtbare Ölspuren *(S. 142-147)* Gabel und Stoßdämpferdichtungen auf Risse und Abnutzung *(S. 142-147, 150-151)* Spiel, sichtbare Ölspuren und Risse in Dichtungen sind Anzeichen für abgenutzte Dichtungen, die durch einen qualifizierten Techniker ersetzt werden sollten Gabel- und Dämpfer-Sag *(S. 142-143, 150-151)*	Gabelschaftrohr auf Risse, Steuersatz ausbauen *(S. 90-93)*
Das Rad nachts auf den Kopf stellen, so kann sich das Öl wieder in der Gabel verteilen	
	Federgabelöl *(S. 144-147)* Dichtungen an Gabeln und Dämpfern als halbjährlicher Service von qualifiziertem Techniker

Fehlerursachen

Einige der Symptome von auftretenden Mängeln am Rad sind in dieser Tabelle aufgelistet. Darin wird erklärt, warum manche Probleme auftreten und wie sie behoben werden können, mit Hinweis auf die Seitenzahlen, wo dieses Vorgehen beschrieben wird.

Falls das Problem immer noch schwierig zu lösen ist, sollten Sie sich die Seiten ansehen, auf denen die Funktion des Teils beschrieben ist, an dem Sie arbeiten, um es besser zu verstehen. Manchmal können auch Probleme auftreten, deren Ursachen nicht denen in der Tabelle entsprechen. Können Sie das Problem auch nach der Lektüre der relevanten Seiten in diesem Buch nicht beheben, fragen Sie Experten im Radladen um Hilfe.

Problemlösungen

	Problem
Antrieb	Kette schaltet nicht auf kleineres Ritzel oder Kettenblatt.
	Kette schaltet nicht auf größeres Ritzel, oder schaltet, läuft aber unruhig.
	Kette schaltet, springt aber auf den Ritzeln unter Pedaldruck.
	Kette streift an innerem oder äußerem Leitblech des Umwerfers. Kette fällt herunter bei Rad mit einem Kettenblatt.
Lenkung und Laufräder	Zieht man die Vorderbremse und schiebt das Rad nach vorne, bewegt sich der Steuersatz nach vorne.
	Ein knackendes Geräusch kommt von einem Laufrad beim Fahren, die Felge streift.
	In der Nabe ist seitliches Spiel oder man spürt rauen Lauf der Nabe.
	Beim Treten dreht sich die Kassette, aber ohne Antrieb zu erzeugen. Oder die Kassette dreht sich bevor der Gang eingelegt ist oder hat starkes seitliches Spiel.
Bremsen	Bremsen gehen hart, gehen schlecht wieder auf.
	Bremshebel hat großen Weg bevor die Bremse packt.
	Bremsklötze berühren Felge nicht gleichzeitig.
	Bremsklötze berühren rechtzeitig die Felge, Bremswirkung aber nicht vorhanden.
Federung	Gabel schlägt immer wieder durch.
	In steilen glatten Abfahrten hebt sich das Hinterrad beim Bremsen.
	Vorderrad springt in Kurven.
	Öl-Luft-Dämpfer schlägt immer wieder durch.

Ursache	Lösung
Entweder Schmutz im Bowdenzug oder der Zug läuft trocken.	Kabel demontieren, Hüllen mit Entfetter spülen, schmieren, montieren. *(S. 30-31, 46-49)*
Der Zug hat sich gelängt oder Schaltwerk schlecht eingestellt.	Zug am Schaltwerk aushängen, spannen, wieder anziehen. Dann Schaltwerk einstellen. *(S. 52-55)*
Kette hat steifes Kettenglied; Kette oder Ritzel oder beides abgenutzt; oder Kettenblatt verbogen.	Kette auf steifes Kettenglied untersuchen, gängig machen. Kette ersetzen, falls kein steifes Kettenglied. Bleibt das Problem, Ritzel ersetzen. Verbogenes Kettenblatt ersetzen. *(S.62-69)*
Innenlager abgenutzt oder die Achse ist verbogen.	Ist das Innenlager ein Patronenlager, ersetzen. Bei einer Hohlwelle die Lagereinheiten ersetzen. Bei einem BMX-Tretlager kann man eventuell die abgenutzten Lager ersetzen, oder eine gebogene Welle austauschen. *(S. 72-77)*
Steuersatz ist locker oder abgenutzt.	Steuersatz demontieren und untersuchen. Lager austauschen, wieder fetten und montieren. Laufflächen und Dichtungen untersuchen. Sind sie abgenutzt, muss das Rad zum Austausch in die Werkstatt. *(S. 90-93)*
Speiche ist evtl. gebrochen.	Speiche ersetzen und Laufrad zentrieren. *(S. 108-109)*
Nabenlager sind abgenutzt oder (bei rauem Lauf) Achse ist verbogen.	Lager oder Achse ersetzen. *(S. 100-103)*
Der Freilaufkörper ist abgenutzt.	Freilaufkörper ersetzen. *(S. 100-101)*
Dreck und Abrieb im Bowdenzug, oder Zug läuft trocken.	Kabel demontieren, Hüllen mit Entfetter spülen, schmieren, montieren. *(S. 30-31, 114-117)*
Bremsklötze abgenutzt oder der Zug ist durch die Schraube gerutscht.	Sind die Klötze nicht zu sehr abgenutzt, Zugklemmschraube öffnen, Zug spannen und wieder festziehen. Ansonsten Bremsklötze austauschen. *(S. 112-125, 128-137)*
Bremse ist nicht zentriert.	Befolgen Sie die Anweisen zum Zentrieren der Bremse *(S. 112-125, 128-137)*
Evtl. Fett auf der Felge, Fremdkörper in den Klötzen, oder ungleiche Abnutzung. Evtl. braucht man andere Gummimischung.	Klötze mit Sandpapier abschleifen. Fremdkörper mit Zange entfernen. Neue Klötze montieren, falls ungleich abgenutzt. Tipps vom Radladen holen wegen anderer Klötze *(S. 112-125, 128-137)*
Bei Öl-Luftgabeln nicht genügend Luftdruck. Bei Öl-Feder-System ist die Feder zu schwach.	Luftdruck erhöhen. Feder gegen stärkere ersetzen *(S. 142-145)*
Gabel taucht zu sehr ein, weil die Gabel nicht steif genug ist.	Druck erhöhen, oder Vorspannung erhöhen, je nach Typ der Gabel *(S. 142-145)*
Dämpfung der Gabel ist zu schnell eingestellt.	Stellen Sie die Dämpfung der Gabel langsamer ein *(S. 142-145)*
Nicht genügend Druck im Dämpfer oder Dämpfung zu stark, sodass der Dämpfer nicht schnell genug ausfedern kann.	Sag am Dämpfer neu einstellen. Bleibt das Problem, Dämpfung auf schneller einstellen. *(S. 150-151)*

Warnzeichen entdecken

Je öfter Sie Rad fahren, desto schneller werden sich bewegliche Teile, vor allem Reifen und Bremsklötze abnutzen. Tauscht man diese Teile frühzeitig aus, wird das Rad weiterhin gut funktionieren und man verringert die Unfallgefahr. Man spart zudem Geld, da abgenutzte Teile meistens andere Teile des Rads verschleißen oder beschädigen können.

Bei den Sicherheitschecks von Seite 32 sollten Sie nach verschlissenen Ritzeln oder Kettenblättern, abgenutzten Bremsklötzen, geknickten oder ausgefransten Bowdenzügen, Reifen mit Blasen oder Schlitzen und Schäden am Mantel sehen.

Nach Verschleiß suchen
Überprüfen Sie regelmäßig die Reifen, Felgen, Bremsen, Kettenblätter, Felgen und Ritzel, sodass Sie Abnutzung bald erkennen.

Ritzel und Kettenblätter

Abgenutzte Zähne

Suchen Sie Kettenblätter und Ritzel regelmäßig nach abgebrochenen Zähnen ab. Die Kette kann springen, wenn man Druck aufs Pedal bringt, und zu Verletzungen führen, wenn man abrutscht – vor allem im Wiegetritt. Kettenblätter und Ritzel müssen in diesem Fall sofort ersetzt werden *(S. 66–69)*.

Bremsen

Abgenutzte Klötze

Überprüfen Sie Bremsklötze auf unregelmäßige Abnutzung. Dies ist ein Zeichen, dass sie die Felge nicht gleichmäßig berühren. Dadurch ist die Bremswirkung vermindert, da nicht die gesamte Fläche genutzt wird. Montieren Sie neue Klötze und stellen Sie die Bremsen ein *(S. 120–125)*.

Bowdenzüge

Geknickte oder ausgefranste Züge/Hüllen

Untersuchen Sie alle Hüllen und Züge auf Knicke und ausgefranste Stellen. Ausgefranste Züge können reißen und die Gangschaltung außer Gefecht setzen, was unangenehm ist, oder die Bremsen außer Funktion setzen, was gefährlich ist. Ersetzen Sie die Züge vor der nächsten Fahrt *(S. 46-49, 114-117)*. Abgenutzte oder geknickte Hüllen vermindern die Funktion der Bremsen, Dreck und Abrieb kommt in die Züge. Ersetzen Sie die Hüllen baldmöglichst.

Felgen und Reifen

Abgenutzte Felge

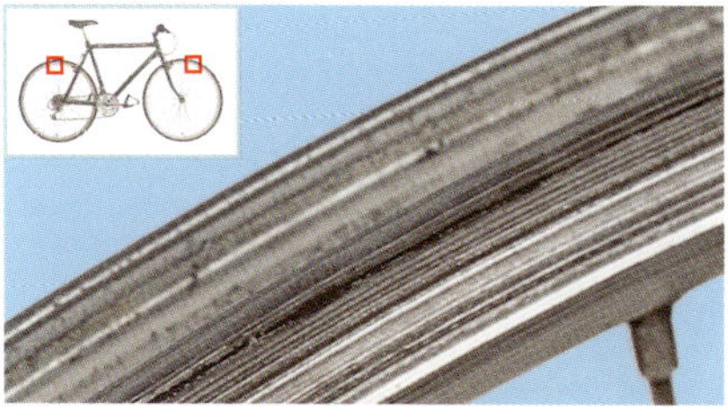

Achten Sie auf tiefe Riefen in den Felgen beider Laufräder. Felgenbremsen können Felgen stark abnutzen, vor allem bei Geländefahrten oder im Winter. Die Felgen können sogar brechen und einen Sturz auslösen. Risse rund um die Ösen der Speichennippel sind ebenfalls ein gefährliches Anzeichen. Ersetzen Sie die Felge, wenn Sie dies entdecken.

Beule im Reifen

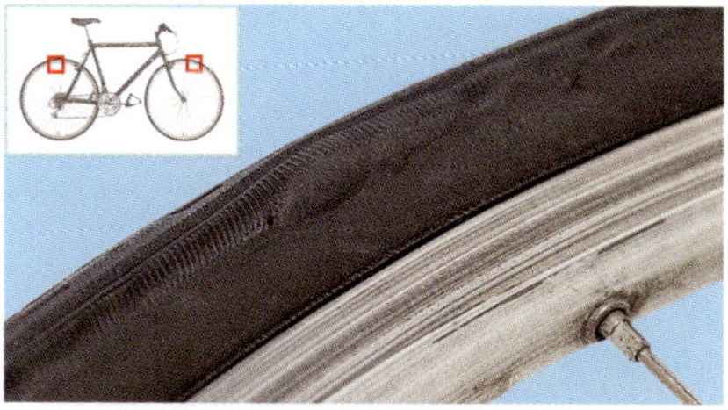

Überprüfen Sie die Reifen über den ganzen Umfang, Lauffläche und Flanke, auf Beulen. Reifen mit Blasen oder Unregelmäßigkeiten können leicht während der Fahrt platzen. Ersetzen Sie den Reifen, wenn Sie solche Stellen entdecken *(S. 106-107)*.

Risse im Reifen

Untersuchen Sie die Reifen auf Risse oder Schnitte in der Lauffläche und den Flanken. Ein Riss bedeutet, dass die innere Struktur des Mantels zerstört ist, sodass der Reifen platzen kann. Durch kleinere Risse und Schnitte können Gegenstände den Schlauch durchdringen und verursachen wenigstens einen Platten oder der Schlauch platzt. Ersetzen Sie den Reifen, wenn Sie Risse oder Schnitte entdecken *(S. 106-107)*.

Abgefahrene Lauffläche

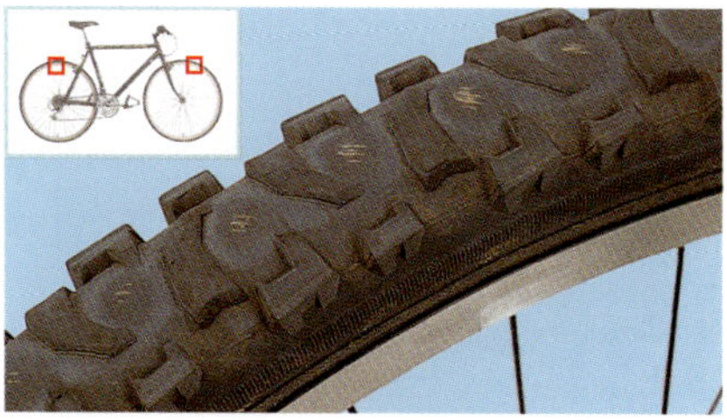

Schauen Sie den Reifen genau auf schwaches Profil an. Ist er abgefahren, ist seine Struktur geschwächt und der Reifen kann brechen oder Blasen werfen. Dies kann zu einem gefährlichen Reifenplatzer auf der Fahrt führen. Auch ein Reifen, mit dem man gerutscht ist und der flache abgefahrene Stellen besitzt, ist gefährlich. Ersetzen Sie auch solche Reifen *(S. 106-107)*.

Schutz vor schlechtem Wetter

Mit diesen Schritten schützen Sie Ihr Rad vor den Härten des Winters, einem feuchten Klima oder wenn Sie oft offroad unterwegs sind. Matsch, Sand und Wasser, die von den Laufrädern aufs Rad geschleudert werden, bilden eine zerstörende mahlende Paste. Salz, das zum Auftauen von Schnee und Eis auf winterlichen Straßen liegt, lässt das Rad schnell rosten. Regelmäßiges Reinigen und Fetten verstärken den Schutz, doch am besten lässt man den Schmutz und das Salz gar nicht erst an die empfindlichen Teile gelangen. Das Ziel beim Winterschutz des Rads ist, versteckte Teile vor Wasser zu schützen und zu verhindern, dass Wasser den Fettschutz an ausgesetzten Teilen auswäscht.

Schutz des Rads
Schutzbleche montieren, Dichtungen installieren und die exponierten Teile fetten, um das Rad vor Nässe zu schützen.

Exponierte Teile schützen

Sattelrohrklemmung dichten

Wasser abhalten, an der Sattelrohrklemmung in den Rahmen zu gelangen. Die Klemmschraube öffnen, Stück eines engen Rennradschlauchs über den Rahmen stülpen. Die Schraube durch den Gummi eindrehen, den Schlauch mit Kabelbindern sichern.

Steuersatz dichten

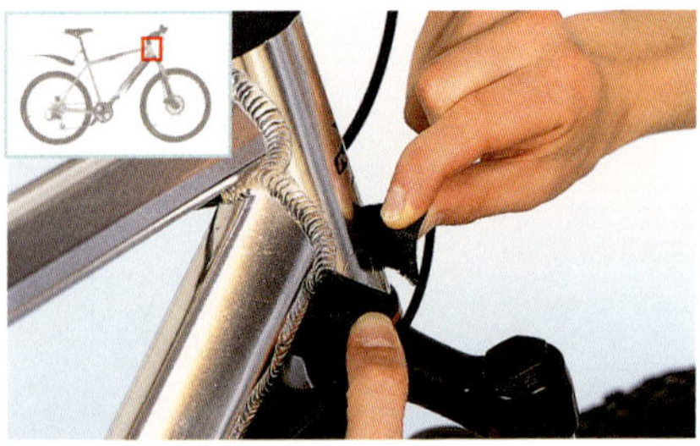

Ziehen Sie einen Schutz über den Steuersatz. Spezielle (Neopren-) Covers gibt es mit Velcro-Verschluss, sodass man den Steuersatz nicht ausbauen muss, um ihn abzudichten.

Schutzbleche montieren

Schrauben Sie ein Schutzblech an die Sattelstütze, damit der Schmutz vom Hinterrad nicht ans Rad gelangt. Am Vorderrad können Sie ein Schutzblech montieren, das man ans Unterrohr klemmt und mit Kabelbindern oder Gummis sichert. Echte Schutzbleche, die man an die Gabel oder an die hinteren Ausfallenden montiert, schützen auf Straßenfahrten nahezu vollständig, setzen sich aber offroad leicht mit Matsch zu.

Antrieb schützen

Kette reinigen und schmieren

Schmieren und reinigen Sie Ihre Kette mindestens so oft wie im Sommer und nach jeder Fahrt im Nassen. Schmieren Sie zunächst mit dem gleichen Mittel wie im Sommer und anschließend mit einem schwereren Schmiermittel, das nicht so leicht auswäscht. Tragen Sie das schwerere Öl nur auf die inneren Laschen der Kette auf, da es mehr Schmutz anzieht.

Schaltwerke reinigen und schmieren

Tröpfeln Sie Öl auf die Gelenke des Schaltwerks und des Umwerfers. Benützen Sie ein schweres, dickeres Öl als Sie im Sommer verwenden würden. Spülen Sie jedes Mal das alte Öl mit Entfetter aus, den Sie ein wenig einwirken lassen, bevor Sie das neue Öl auftragen.

Pedale reinigen und schmieren

Nach dem Entfetten aller beweglichen Teile tragen Sie dickeres Öl auf den Haltemechanismus von Klickpedalen auf, um ihn beweglich zu halten. Das dicke Öl wäscht sich nicht so schnell aus wie dünnes. Entfernen Sie regelmäßig altes Öl mit Entfetter und tragen Sie neues auf, um zu vermeiden, dass sich Schmutz ansammelt und das Pedal abnutzt.

3

Wartung des Antriebs

Der Antrieb ist das Herzstück Ihres Fahrrads. Stellen Sie sicher, dass die Schalthebel, die Kette, das Tretlager, die Kassette und die Schaltwerke immer perfekt zusammenarbeiten, indem Sie den Antrieb regelmäßig warten und einstellen.

Züge und Schalthebel

Mit Zügen und Hebeln betätigt man die Gangschaltung. Züge stehen immer unter Spannung und müssen regelmäßig ersetzt werden und geschmiert sein. Man sollte sie oft untersuchen und austauschen, falls sie abgenutzt sind. Schalthebel müssen nur ab und zu innen geschmiert werden.

So funktioniert's

Ein Innenzug verbindet den Schalthebel mit dem Schaltwerk und ermöglicht so die Gangwechsel. Die Bewegungen der Schalthebel veranlassen den vorderen Umwerfer, die Kette von einem Kettenblatt aufs andere zu heben, oder das hintere Schaltwerk, die Kette von einem Ritzel zum anderen zu bewegen. Zug am Kabel lässt die Kette von einem kleineren zu einem größeren Zahnrad wandern. Entspannt man den Zug, läuft die Kette auf ein kleineres Zahnrad. Der linke Schalthebel kontrolliert den Umwerfer, der rechte das hintere Schaltwerk.

Kontrolle der Schaltung
Durch Züge und Hebel hat man die Schaltung mühelos im Griff.

Zugklemmung
Fixiert den Zug am Schaltwerk

Schaltwerk
Bewegt die Kette von einem Ritzel zum anderen

Schalthebel
Bewegt das Schaltwerk nach innen oder außen

Schaltwerk-Kabel

Eine Klemmschraube verbindet den Zug mit dem Schaltwerk. Drückt man den Schalthebel, zieht das Kabel das Schaltwerk nach innen und die Kette bewegt sich von einem kleineren auf ein größeres Ritzel. Verringert der Schalthebel die Kabelspannung, werden durch Federspannung die Schaltröllchen bewegt und die Kette läuft auf das kleinere Ritzel.

Schalthebel

In diesem Campagnolo-Schalthebel drückt der Fahrer den inneren Hebel, um den Zug zu spannen und das Schaltwerk zu bewegen. Betätigt man den kleineren Hebel auf der Innenseite des Bremshebelgehäuses, wird der Zug entspannt und das Schaltwerk wandert zurück.

Aufbau von kombinierten Brems-/Schalthebeln

Schalthebel sind oft mit den Bremshebeln am Lenker kombiniert. Bei diesem Shimano-Schalthebel fungiert der Brems- auch als Schalthebel. Drückt man den Bremshebel mit den Fingern nach innen, entsteht Zug am angebrachten Schaltzug und ein Raster-Mechanismus bewegt sich. Ein Klick entspricht einer Schaltbewegung des Umwerfers oder Schaltwerks, die die Kette zwischen den Ritzeln oder Kettenblättern bewegen. Die Rasterung hält den Zug in seiner neuen Position. Drückt der Fahrer den inneren kleineren Hebel nach innen, wird die Rasterung gelöst und die Spannung am Zug gelockert.

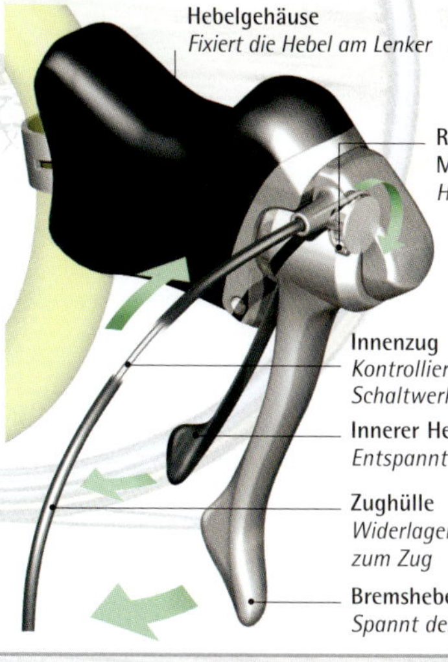

Schaltzug am Rennlenker

Schaltzüge sauber und geschmiert zu halten und sie zu ersetzen, wenn sie ausfransen, ist sehr wichtig für weiche Schaltvorgänge. Man sollte sie mindestens einmal im Jahr austauschen, oder häufiger bei starkem Einsatz.

Schmierung verringert die Reibung zwischen Innenzug und Hülle und verdrängt Feuchtigkeit und Schmutz. Funktioniert die Schaltung nicht mehr einwandfrei, ist der Zug trocken und benötigt Schmierung.

Mit der Länge der Kabel nimmt die Reibung zu. Halten Sie Bowdenzüge so kurz wie möglich, aber nicht so kurz, dass die Funktion oder die Lenkung beeinträchtigt werden. Sind Sie sich über die korrekte Länge der Züge nicht sicher, betrachten Sie die Bögen der Kabel an anderen Rädern (S. 10-17).

Position am Rad

Teile der Schalthebel

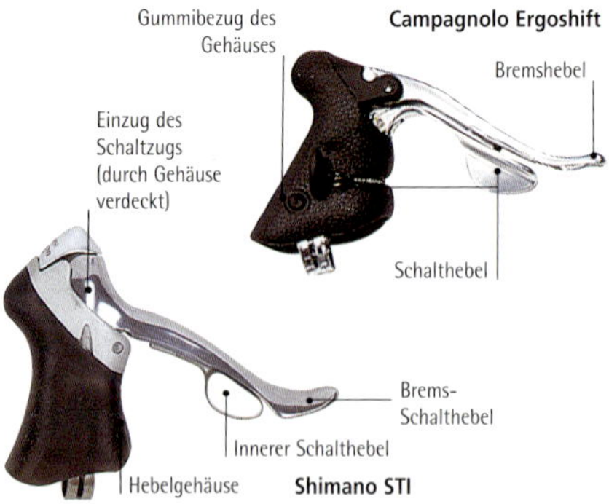

Werkzeug

- Inbus-Multitool
- Spitzzange
- Bowdenzugschneider

Shimano-Schaltzug ersetzen

1 **Schalten Sie auf das kleinste Ritzel** hinten und das kleinste Kettenblatt vorne.

- Ziehen Sie den Bremshebel zurück und entfernen Sie den alten Zug aus einem Loch auf der Außenseite des Hebels.
- Führen Sie den neuen gefetteten Zug durch das Loch.
- Schieben Sie den Zug hindurch und in die Bowdenzughülle.

Campagnolo-Schaltzug ersetzen

1 **Entfernen Sie das Lenkerband,** da das Kabel darunter verläuft. Beim Austausch des Bremskabels verfährt man genauso.

- Wickeln Sie das Band vorsichtig von der Lenkermitte bis kurz unterhalb des Bremshebels, und lassen Sie es dort während der Arbeit hängen.
- Ziehen Sie die Gummihaube des Gehäuses nach vorne ab, um das Tape darunter zu entfernen. Gehen Sie dabei vorsichtig vor.

2 **Ziehen Sie den Zug** mit der Spitzzange durch die vorgekürzten Außenhüllen.

- Für das hintere Schaltwerk verlaufen diese Hüllen vom Hebel zur Kabelführung am Unterrohr, und von der rechten Kettenstrebe zur Einstellschraube am Schaltwerk.
- Setzen Sie die Metallhülsen auf die Außenzüge, sodass sic gut in die Kabelführung passen.
- Zum Schluss ziehen Sie den Zug durch die Einstellschraube und unter der Klemmschraube hindurch. Dann schrauben Sie die Klemmschraube mit einem Inbus fest.

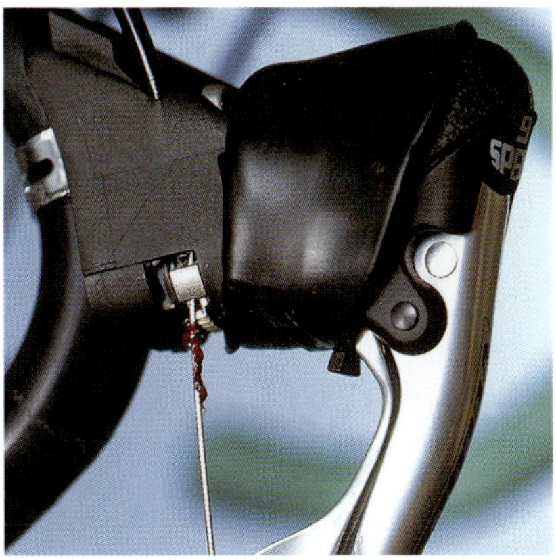

2 **Schalten Sie auf das kleinste Ritzel** hinten und das kleinste Kettenblatt vorne. Ziehen Sie den alten Zug aus dem Gehäuse heraus.

- Schmieren Sie den neuen Zug und schieben ihn durch das Loch unter der Gehäuseabdeckung.

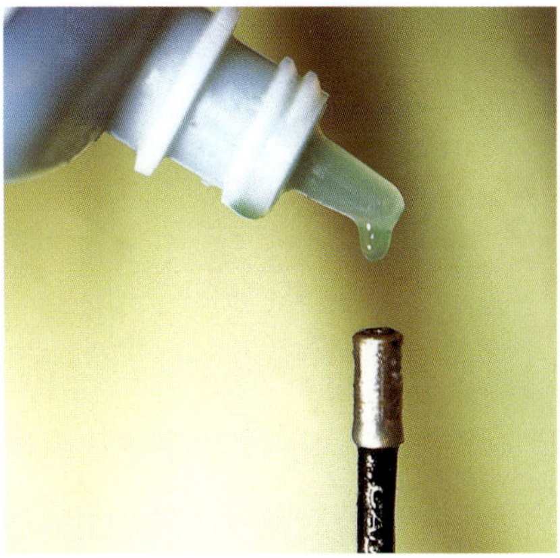

3 **Tropfen Sie Öl** in die Hüllen, die optimal zwischen Kabelführungen und Komponenten passen sollten. Zu lange Züge erhöhen die Reibung *(S. 26-27)*.

- Setzen Sie immer die Metallhülsen auf die Hüllenenden aller Bowdenzüge.
- Schieben Sie den Zug durch die Hülle. Zug unter Spannung in der Schaltwerk-Klemmung befestigen.

Schaltzug am geraden Lenker

Die Schaltzüge am Mountainbike zu warten und zu ersetzen funktioniert ähnlich wie beim Rennrad. Mountainbikes sind jedoch härteren Bedingungen ausgesetzt, sodass die Züge häufiger zu tauschen und zu fetten sind.

Kümmern Sie sich besonders um die Züge mechanischer Scheibenbremsen, da sie komplett in Außenhüllen laufen und häufiger zu schmieren sind.

Die hinteren Schaltzüge eines Mountainbikes können gegen den Rahmen schlagen. Dies kann den Lack beschädigen. Schieben Sie deshalb kleine Gummiringe darüber.

Position am Rad

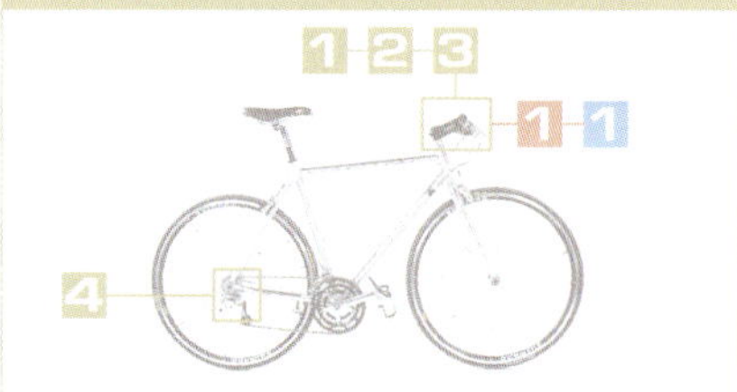

Teile der Gangschaltung

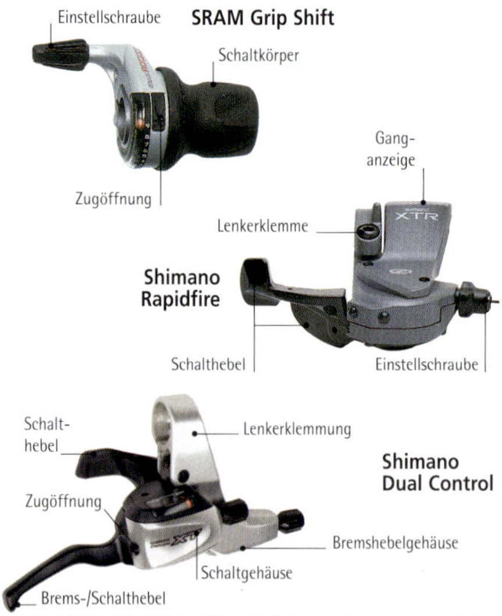

Werkzeug

- 5-mm-Inbusschlüssel
- Spitzzange
- Bowdenzugschneider
- Kabelzugzange

Rapidfire-Schaltzug ersetzen

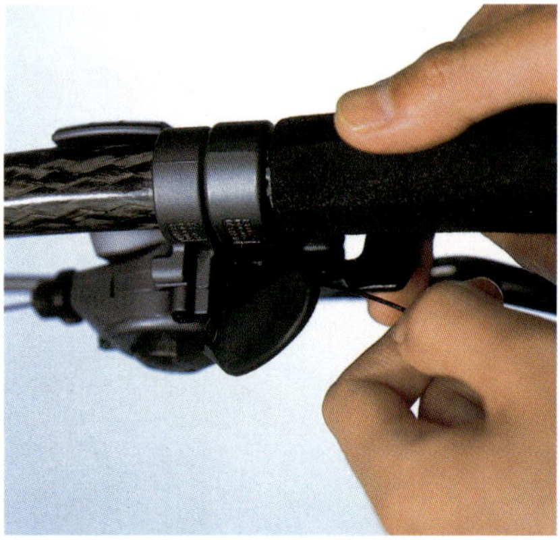

1 **Ziehen Sie den alten Zug** mithilfe der Spitzzange heraus, und schalten Sie in die Position des kleinsten Ritzels oder Kettenblatts.

- Führen Sie das Ende des neuen eingefetteten Zugs durch das Loch, in dem der Nippel im Hebel sitzt.
- Überprüfen Sie den Verlauf des alten Zugs und folgen diesem mit dem neuen Zug wie in Schritt 4.

3 **Kürzen Sie die Züge** und die Hüllen mit dem Bowdenzugschneider auf die Länge der alten Bowdenzüge. Achten Sie bei der Länge der Hüllen darauf, dass sich der Zug innen frei bewegen kann.

- Geben Sie ein paar Tropfen Öl in jeden Bowdenzug. Führen Sie den Innenzug durch die Hülle.
- Stecken Sie eine Zugendhülse auf alle Bowdenzüge. Beachten Sie, dass diese in die Zugführungen passt *(S. 26–27)*.

2 **Schieben Sie das Kabel** durch, bis es durch die Einstellschraube am Hebelgehäuse kommt.

- Führen Sie dann den Zug durch die vorgelängte und mit Fett versehene Hülle.

4 **Führen Sie den Zug** durch alle Außenhüllen.

- Am hinteren Schaltwerk schrauben Sie die Einstellschraube halb heraus und stecken den Zug hindurch. Am Umwerfer vorne legen Sie den Zug unter die Klemmschraube.
- Ziehen Sie kräftig mit der Kabelzugzange und fixieren die Feststellschraube. Überstehenden Zug abschneiden.

Grip-Shift-Schaltzug ersetzen

1 **Schalten Sie hinten** aufs kleinste Ritzel, vorne aufs kleinste Kettenblatt.

- Heben Sie die Abdeckung hoch und ziehen Sie den alten Zug mit der Spitzzange heraus.
- Sprühen Sie ein wenig leichtes Schmiermittel in die Öffnung des Gehäuses.
- Den neuen Zug fetten und durch das Gehäuse schieben, bis er herauskommt.
- Schritt 4 der Anweisung für Rapidfire-Züge befolgen.

Dual Control-Schaltzug ersetzen

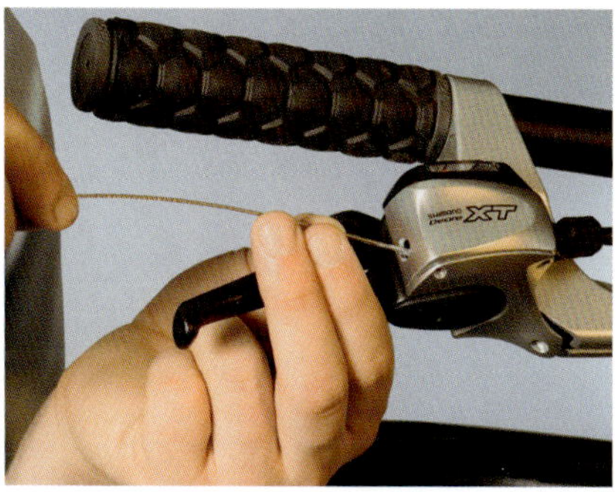

1 **Für die hintere Schaltung** die Kette auf das kleinste Ritzel legen. Für den Umwerfer die Kette auf das innerste Kettenblatt legen.

- Die Zugöffnung öffnen und den alten Zug mit einer Spitzzange entfernen.
- Den neuen Zug in den Schalthebel einführen, bis der Nippel in der dafür vorgesehenen Öffnung sitzt.
- Schritt 4 der Anweisung für Rapidfire-Züge befolgen.

Vorderes und hinteres Schaltwerk

Die beiden Schaltwerke bewegen die Kette flüssig zwischen den Ritzeln und Kettenblättern hin und her, jedoch nur, wenn ihre Anschläge korrekt eingestellt sind. Die Gelenke der Schaltwerke und die Schaltröllchen müssen auf Abnutzung geprüft und immer geschmiert werden. Der Umwerfer vorne muss genau auf die Kettenblätter ausgerichtet sein.

So funktioniert's

Vorderes und hinteres Schaltwerk wechseln die Gänge am Rad. Um einen Gang nach oben zu schalten, betätigt man den Schalthebel. Dieser zieht am Kabel, wodurch der Umwerfer die Kette vom kleineren auf ein größeres Kettenblatt schiebt, das Schaltwerk befördert sie vom kleineren aufs größere Ritzel. Um nach unten zu schalten, wird der Zug entspannt, sodass die Federn in den Schaltwerken die Kette auf ein kleineres Ritzel oder Kettenblatt bewegen. Beide Schaltwerke bewegen sich um Gelenke. Ein oberer und unterer Anschlag sorgen dafür, dass die Schaltwerke die Kette nicht über die größeren oder kleinsten Zahnräder hinaus bewegen. Dies nennt man den Einstellbereich. Ist dieser Einstellbereich korrekt justiert und die Zugspannung in Ordnung, wird das Schaltwerk bei jedem Klick des Schalthebels genau einen Gang schalten.

Arbeit der Schalthebel
Vorderes und hinteres Schaltwerk arbeiten mit den Schalthebeln zusammen, um jederzeit einfache, schnelle und genaue Gangwechsel vornehmen zu können.

Aufbau des Schaltwerks

Beim Gangwechsel führen zwei Schaltröllchen die Kette auf unterschiedliche Ritzel. Sie bewegen sich auf der gleichen Ebene wie die Kette, eine Feder sorgt für die Spannung der Kette. Zwei Schaltungsarme ermöglichen den Gangwechsel auf größere Ritzel, eine Feder in den Armen verursacht die Gangwechsel nach unten.

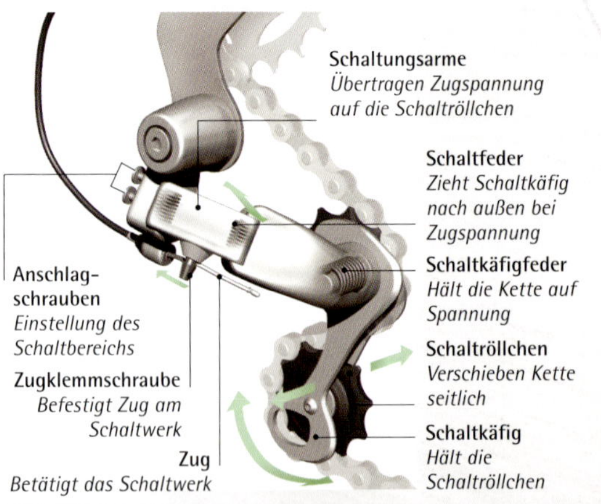

So arbeitet das Schaltwerk

Wird der Zug gespannt, werden beide Schaltarme über ihre vier Gelenke nach innen gezogen, sodass die Schaltröllchen die Kette auf ein größeres Ritzel führen. Entspannt man den Zug, drückt die Schaltfeder die Kette zurück auf kleinere Ritzel.

Großes Ritzel *Durch die Zugspannung wandert die Kette auf das große Ritzel.*

Kleines Ritzel *Die Kette kommt durch die Feder zurück auf das kleine Ritzel.*

Aufbau des Umwerfers

Bei Spannung zieht der Zug am Hebel des Umwerfers, der über ein Gelenk die Leitbleche des Umwerfers nach außen weg vom Rahmen bewegt. So wird die Kette vom kleinen aufs große Kettenblatt geführt. Entspannt sich der Zug, zieht eine Feder den Umwerfer zurück in Richtung Rahmen.

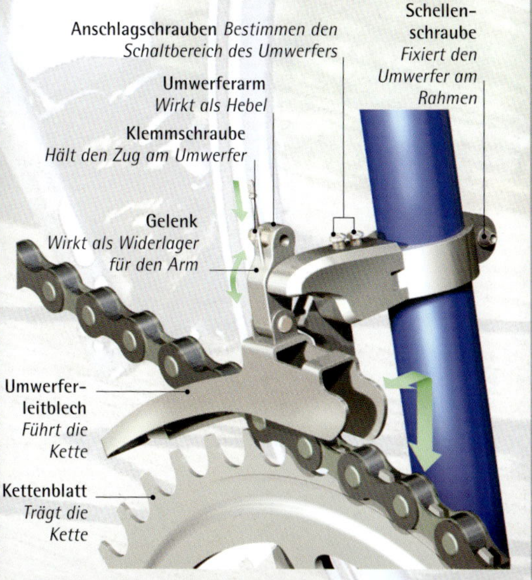

Umwerfer

Das vordere Schaltwerk, auch genannt Umwerfer, schaltet von einem Kettenblatt zum anderen. Es gibt zwei Arten: Umwerfer für Anlötsockel (unten), die mit einer Schraube am Sockel des Rahmens befestigt werden, und Umwerfer, die mit einer Schelle um das Sitzrohr fixiert werden. Die Schelle ist Teil des Umwerfers.

Die Wartung eines Umwerfers besteht aus zwei Maßnahmen: Die Einstellung, nachdem man einen neuen Zug montiert hat oder die Justage, wenn er nicht korrekt arbeitet. Man sollte den Umwerfer auch regelmäßig säubern, um die Ansammlung von Schmutz zu verhindern, was die Funktionsweise beeinträchtigen und zu Verschleiß führen kann.

Damit der Umwerfer optimal arbeitet, sollte die untere Kante des äußeren Leitblechs nicht weiter als 2 mm über dem größten Kettenblatt stehen. Das äußere Blech muss zudem genau parallel zu den Kettenblättern ausgerichtet sein.

Korrekte Schaltvorgänge sind abhängig vom Weg des Umwerfers während des Schaltens. Der Schaltbereich wird limitiert von der inneren und äußeren Anschlagschraube.

Position am Rad

Teile des Umwerfers (Anlötsockel)

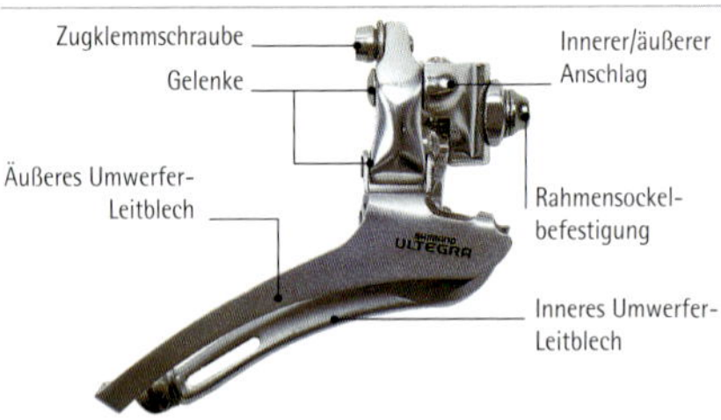

Werkzeug

- Spitzzange
- 5-mm-Inbusschlüssel
- Schraubendreher
- Bowdenzugschneider

Umwerfer einstellen

1 **Schalten Sie auf** den größten Zahnkranz und das kleinste Kettenblatt.

- Ziehen Sie den Umwerfer nach außen. Beobachten Sie den Abstand der Unterkante des äußeren Leitblechs vom größten Kettenblatt. Er sollte 2 mm betragen. Ist dies nicht der Fall, öffnen Sie die Schraube, womit der Umwerfer am Rahmen befestigt ist, und verschieben ihn.
- Richten Sie den Umwerfer parallel zu den Kettenblättern aus und schrauben ihn fest.

3 **Ziehen Sie den Zug** durch die Klemmung und befestigen ihn mit der Zugklemmschraube.

- Schneiden Sie den überstehenden Zug mit dem Bowdenzugschneider ab und setzen eine Zugendkappe auf *(S. 26-27)*.
- Wiederholen Sie die Schritte 2 und 3 nach einigen Fahrten, falls die Kette nicht auf das größere Kettenblatt schaltet. Züge können sich manchmal noch längen.

2 **Öffnen Sie** die Zugklemmschraube bis der Zug frei ist.

- Suchen Sie nach der inneren Anschlagschraube (normalerweise mit »L« gekennzeichnet) und drehen diese ein oder aus, bis das innere Leitblech des Umwerfers rund 2 mm von der Kette entfernt liegt. Dies ist der Startpunkt für den Schaltbereich.
- Bei dieser Gelegenheit können Sie auch die Kabelführung auf der Unterseite des Tretlagers reinigen. Entfetten Sie den Bereich, spülen ihn dann aus, und trocknen ihn ab.
- Versehen Sie die Führung mit nicht klebender Schmierung.

4 **Schalten Sie nun so,** dass die Kette auf dem kleinsten Zahnkranz und dem größten Kettenblatt liegt.

- Wiederholen Sie die Schritte 2 und 3, falls die Kette nicht auf das größere Kettenblatt schaltet.

5 **Drehen Sie den äußeren Anschlag** (normalerweise mit »H« gekennzeichnet) nun so, dass das äußere Leitblech rund 2 mm von der Kette entfernt ist.

- Wenn Sie aufs größte Kettenblatt schalten und die Kette nicht wandert, drehen Sie die äußere Anschlagschraube auf, um mehr Weg zu geben.
- Überprüfen Sie die Einstellung, indem Sie mehrmals zwischen allen Kettenblättern schalten.

Schaltwerk

Die meisten Schaltwerke arbeiten indexiert, das heißt, bei jedem Klick des Schalthebels wird die Kette um ein Ritzel weiter bewegt, nach oben oder nach unten.

Es kann vorkommen, dass die Kette nicht mehr auf das nächste Ritzel springt, wenn man schaltet, oder sie überspringt sogar ein Zahnrad. In beiden Fällen muss das Schaltwerk eingestellt werden. Sie müssen auch die hier beschriebenen Schritte befolgen, wenn Sie einen neuen Schaltzug montieren *(S. 46-49)*.

Um sicherzugehen, dass das Schaltwerk gut arbeitet, sollten Sie die Schaltröllchen immer sauber und gut geschmiert halten, da sich dort leicht Schmutz ansammelt. Entfetten und schrubben Sie diese jedes Mal beim Rad putzen *(S. 28-29)*. Wischen Sie überschüssiges Öl immer ab, wenn Sie die Gelenke des Schaltwerks und die Schaltröllchen ölen.

Position am Rad

Teile des Schaltwerks

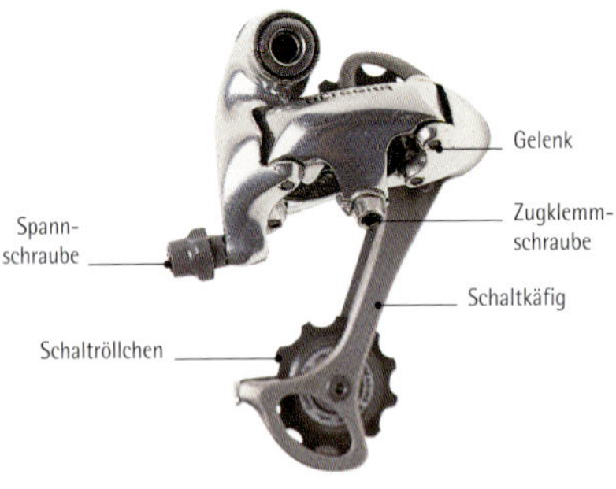

Werkzeug

- Spitzzange
- Bowdenzugschneider
- 5-mm-Inbusschlüssel
- Schraubendreher

Schaltwerk einstellen

1 **Schalten Sie** auf das kleinste Ritzel und das größte Kettenblatt, dann öffnen Sie die Zugklemmschraube des Schaltwerks, damit der Zug frei ist.

- Überprüfen Sie den Zug und ersetzen ihn, falls er beschädigt ist *(S. 39)*.
- Drehen Sie die Spannschraube so, dass sie zur Hälfte heraussteht.

4 **Schalten Sie zurück** auf das kleinste Ritzel und dann alle Gänge einmal durch. Klettert die Kette nicht auf den nächsthöheren Zahnkranz, drehen Sie die Kabelspannschraube mit den Fingern heraus, bis es klappt. Überspringt die Kette einen Zahnkranz, dreht man die Kabelspannschraube hinein, bis dies aufhört.

2 **Öffnen Sie die Klemmschraube** des Schaltwerks. Drehen Sie an der äußeren Anschlagschraube (bezeichnet »H«), um die Schaltröllchen genau unter den kleinsten Zahnkranz zu stellen.

- Haben Sie dies getan, drehen Sie die Kurbeln vorwärts und justieren die Schraube so lange, bis die Kette optimal läuft.
- Zug durch die Klemmschraube führen und wieder festklemmen.

3 **Schalten Sie auf das kleinste Kettenblatt** und das größte Ritzel.

- Drücken Sie das Schaltwerk mit der Hand gegen die Speichen. Wandert der Schaltkäfig nach innen neben den größten Zahnkranz, drehen Sie den inneren Anschlag (markiert mit »L«) hinein, bis der Schaltkäfig unter dem größten Zahnkranz stehen bleibt.
- Kurbeln drehen, um zu sehen, ob die Kette sauber läuft. Falls nicht, die »L«-Schraube ein- oder ausdrehen.

5 **Die Schaltröllchen** sollen die Ritzel nicht berühren. Das stellt man mit der Winkelverstellschraube ein, die zwischen Schaltwerk und Ausfallende sitzt. Diese muss man verstellen, wenn man eine neue Kassette montiert, die größere Ritzel als die vorherige aufweist.

Nabenschaltung

Nabenschaltungen, die im Inneren der Nabe arbeiten, regulieren die Geschwindigkeit, mit der sich das Hinterrad dreht. Sie benötigen geringe Wartung und da die meisten Nabensysteme gedichtet sind, muss man sie auch nicht regelmäßig fetten. Die Schaltzüge müssen jedoch regelmäßig untersucht und, falls sie abgenutzt sind, ausgetauscht werden.

So funktioniert's

Alle Nabenschaltungen arbeiten nach dem gleichen Prinzip. Ein System von innen angebrachten Zahnkränzen variiert die Geschwindigkeit, mit der sich das Nabengehäuse und damit das Hinterrad dreht, im Verhältnis zu einem einzigen äußeren Zahnkranz, der über die Kette von den Pedalen angetrieben wird. Der Zahnkranz ist über ein Antriebssystem mit den inneren Kränzen verbunden, die die Nabe mit unterschiedlichen Geschwindigkeiten bewegen. Speichen verbinden die Nabe mit der Felge und drehen so das Hinterrad.

Ein Schalthebel am Lenker betätigt den Mechanismus, der an der Nabe angebracht ist. Dieser Mechanismus verbindet unterschiedliche Kombinationen von verschieden großen Zahnkränzen im Nabeninneren mit einem Ring, der das Nabengehäuse antreibt. Jede Kombination ergibt ein unterschiedliches Gangverhältnis, die Anzahl der Gänge ergibt sich aus der Anzahl der Kränze in der Nabe.

Aufbau der Shimano Nexus-Nabenschaltung

Um den Gang zu wechseln benutzt der Fahrer den Schalthebel. Dieser zieht den Schaltzug, der den Satelliten auf der Antriebsseite der Nabe betätigt. Dies steuert im Inneren der Nabe einen Mechanismus, der zwei Antriebseinheiten mit Zahnkränzen trägt. Unterschiedliche Kränze werden mit dem Antriebsring kombiniert. Wird der Schaltzug entspannt, stellt der unter Federspannung stehende Mechanismus wieder die ursprüngliche Kranzkombination ein.

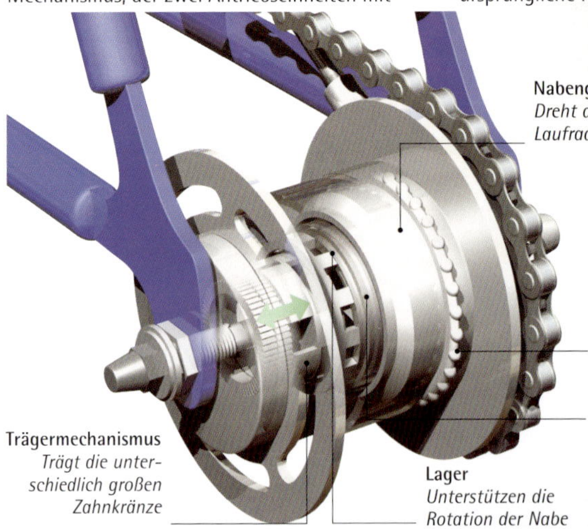

Kabel und Satellit
Seitliche Ansicht der Nabe

Schutz der Schaltung
Der Mechanismus der Nabenschaltung ist komplett gekapselt, um ihn vor Beschädigung, Schmutz und Wasser zu schützen.

Nabenschaltung
Im Inneren arbeiten Zahnkränze um Gangwechsel zu ermöglichen.

Nabenschaltung I

Reißt das Kabel für die Nabenschaltung oder franst es aus, muss man es ersetzen. Vor den Arbeiten sollte man Typ und Modell der Nabe anhand der Herstellerangaben identifizieren. Dies ist normalerweise auf der Nabe eingestanzt. Die Anzahl der Gänge ist auf dem Schalthebel angegeben.

Die Nabenschaltung, die auf diesen Abbildungen gezeigt wird, ist eine Shimano Nexus 7-Gang-Schaltung, die mit einem Drehgriffschalter funktioniert. Es gibt auch Räder mit SRAM-Nabenschaltungen und anderer Hersteller, die mit Daumenschaltern arbeiten.

Ältere Fahrräder haben vielleicht noch eine Torpedo-3-Gang-Schaltung. Obwohl sie alle nach dem gleichen Prinzip arbeiten, verläuft der Zugaustausch doch ein wenig unterschiedlich. Am besten finden Sie die Herstellerbeschreibung für Ihre Gangschaltung – fragen Sie in Ihrem Radladen oder suchen Sie im Internet.

Position am Rad

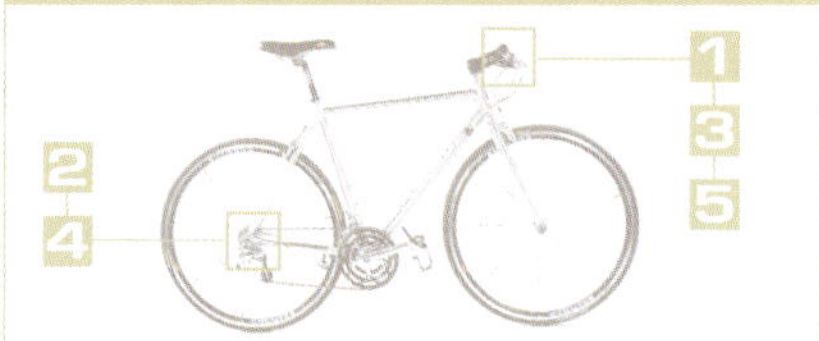

Teile der Nabenschaltung

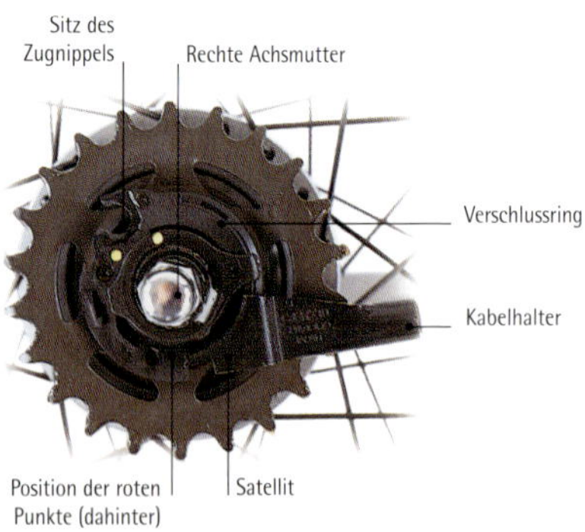

Werkzeug

- Maulschlüssel für Achsmutter und Kabelklemmschraube
- Schraubendreher mit flacher Klinge

Schaltzug der Nabenschaltung ersetzen

1 **Schalten Sie in den ersten Gang.** In dieser Position weist der Zug keine Spannung auf. Dies ist der Ausgangspunkt, um den Zug zu ersetzen. Ist der Zug gerissen, schaltet die Nabenschaltung in den ersten Gang. Bewegen Sie den Schalthebel in diese Position.

4 **Führen Sie den Zug** durch den Gegenhalter an der Kettenstrebe und achten Sie darauf, dass die Zughülle gut im Gegenhalter sitzt.

- Ziehen Sie den Zug stramm und befestigen die Klemmschraube an genau der gleichen Stelle, die Sie zuvor am alten Zug ausgemessen haben.
- Nun drücken Sie die Klemmschraube wieder in die Nut des Satelliten wie zuvor *(kleines Bild).*

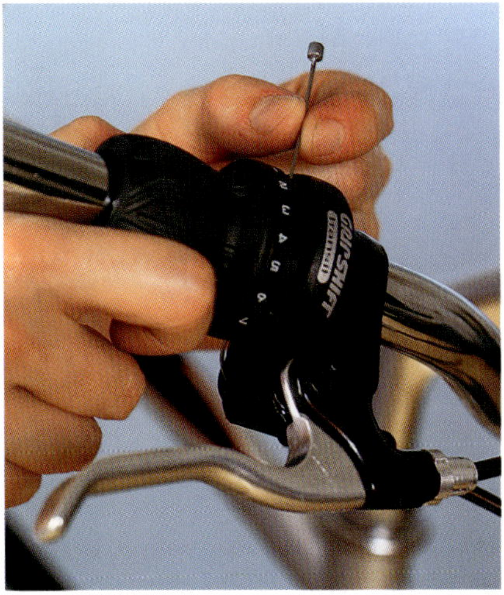

2 **Achsmuttern hinten öffnen** *(S. 136-137)* und das Laufrad aus den Ausfallenden drücken.

- Benutzen Sie einen flachen Schraubendreher um die Kabelklemmung aus der Satellitennut zu hebeln.
- Ziehen Sie an der Kabelklemmung und messen den Abstand zwischen Klemmschraube und Gegenhalter an der Kettenstrebe. Öffnen Sie die Klemmschraube, um sie vom alten Zug zu entfernen.

3 **Öffnen Sie den Kabelträger** am Plastikteil des Schalthebels, er befindet sich an der Ganganzeige-Marke.

- Ziehen Sie den alten Zug aus dem Schalthebel, indem Sie ihn schieben oder am Nippel ziehen.
- Führen Sie den neuen gefetteten Zug in den Schalthebel ein. Etwas Öl in das Kabel tröpfeln und den Zug vollständig hineinschieben.

5 **Setzen Sie das Hinterrad** wieder in den Rahmen. Die Achse in die Ausfallenden stecken und das Laufrad nach hinten ziehen, bis die Kette stramm, aber nicht zu gespannt ist.

- Achten Sie darauf, dass das Laufrad parallel zwischen den Kettenstreben sitzt und ziehen Sie die Achsmuttern an. Die Kette sollte etwa 6 mm Spiel aufweisen.
- Schalten Sie nun einzeln durch alle Gänge. Sollte etwas nicht funktionieren, muss eventuell die Nabenschaltung eingestellt werden *(S. 60-61)*.

Nabenschaltung II

Manchmal kann man einen der Gänge nicht einlegen, weil Schmutz die Funktion des Satelliten beeinträchtigt. Dann müssen Sie den Satelliten ausbauen, um ihn zu reinigen. Dazu entfernt man das Hinterrad.

Oder man stellt fest, dass die Schaltung nicht mehr so reibungslos funktioniert wie gewohnt. In diesem Fall hat sich wahrscheinlich der Schaltzug gelängt, sodass der Schalthebel nicht mehr synchron mit der Nabenschaltung arbeitet. Um dieses Problem zu lösen, drehen Sie an der Kabelspannschraube am Schalthebel, um den Zug zu spannen.

Jedes Mal, wenn Sie das Hinterrad aus- und wieder einbauen, sollten Sie alle Gänge durchschalten, um die korrekte Funktion zu überprüfen. Falls die Schaltung nicht einwandfrei arbeitet, befolgen Sie die beiden letzten Schritte in der Anleitung, um die Schaltung wieder einzustellen.

Eine Nabenschaltung hat eindeutige Markierungen – suchen Sie nach roten oder gelben Punkten oder Dreiecken, um sie richtig einstellen zu können.

Besitzt das Rad eine Torpedo-3-Gang-schaltung, kann es vorkommen, dass es ungewollt in den dritten Gang schaltet. Falls dies passiert, überprüfen Sie die Zugspannung im dritten Gang entlang der Kettenstrebe. Das Kabel wird so locker sein, dass es durchhängt. Spannen Sie den Zug wieder, bis er in einer geraden Linie entlang der Kettenstrebe verläuft. Die genaue Einstellung erfolgt anhand der Freilauf-Markierung.

Position am Rad

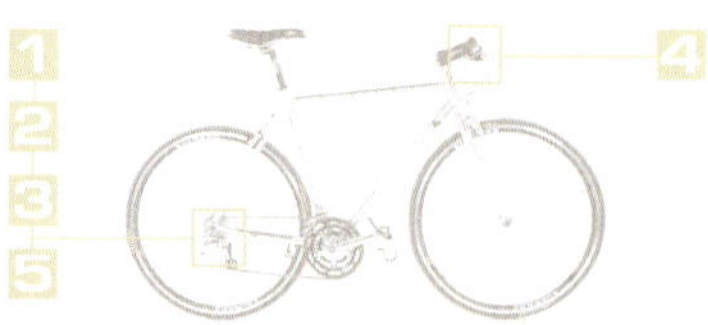

Werkzeug

- Maulschlüssel für die Achsmuttern

So stellen Sie die Nabenschaltung ein

1 **Das Hinterrad ausbauen,** indem man beide Achsmuttern aufschraubt und entfernt *(S. 136-137)*. Der Satellit ist mit einem Verschlussring auf der Nabe befestigt. Drehen Sie den Verschlussring per Hand, bis sich die beiden gelben Punkte gegenüberstehen.

- Ziehen Sie den Verschlussring ab, um den Satelliten zu entfernen.

3 **Stecken Sie den Satelliten** wieder auf das Laufrad. Richten Sie die Dreiecke mit denen auf der Achse aus.

- Drücken Sie den Satelliten wieder hinein, wo er saß.
- Setzen Sie den Verschlussring auf den Satelliten, sodass sich die beiden gelben Punkte gegenüberstehen.
- Drehen Sie den Verschlussring, sodass sich die gelben Punkte voneinander entfernen. Nun ist der Satellit wieder fixiert.

2 **Nehmen Sie den Satelliten** von der Nabe und merken Sie sich die Position der beiden gelben Markierungsdreiecke zueinander.

- Achten Sie auf die Position zweier weiterer gelber Dreiecke auf der Achse, die im Laufrad steckt.
- Spülen Sie den ausgebauten Satelliten mit Entfetter. Lassen Sie die Flüssigkeit ablaufen und sprühen dann Leichtöl in den Satelliten.

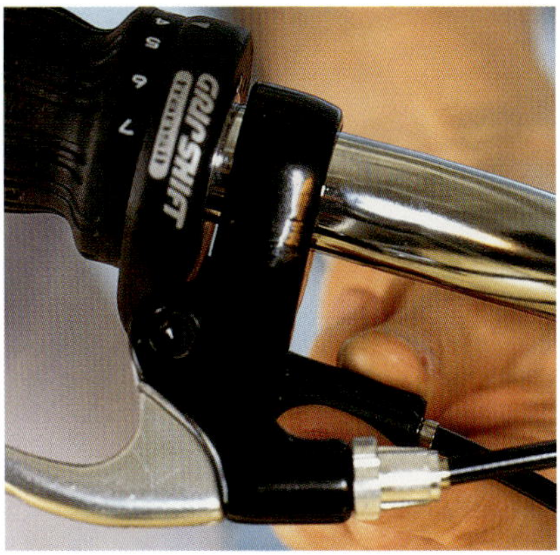

4 **Schalten Sie durch alle Gänge,** bis Sie im vierten Gang sind.

- Benutzen Sie die Kabelspannschraube am Schalthebel für die Feineinstellung der Schaltung. Stellen Sie das Rad auf den Kopf, damit Sie die Nabe von unten sehen.

5 **Suchen Sie nach** den zwei roten Punkten auf dem Schaltmechanismus. Einer befindet sich auf dem Satelliten, der andere auf dem Verschlussring. Beide Punkte liegen auf der Unterseite des Hebels, wo der Zug verläuft. Im vierten Gang sollten sich diese beiden Punkte gegenüberstehen. Ist dies nicht der Fall, drehen Sie an der Kabelspannschraube bis die Punkte an der gleichen Stelle stehen. So eingestellt sollte die Gangschaltung problemlos funktionieren

Kette, Kassette und Tretlager

Mit jeder Pedalumdrehung werden Kette, Kassette und Tretlager unter Zug gesetzt. Die Teile befinden sich in ständigem Kontakt miteinander, und die Tretbewegung führt unweigerlich zu Abnutzung. Auch wenn Sie die Teile noch so gut pflegen: Irgendwann müssen sie ausgetauscht werden.

So funktioniert's

Die Kette, Kassette und das Tretlager bilden das Herzstück des Antriebs, der Bereich des Rads, wo die Pedalkraft des Fahrers in Vorwärtsbewegung umgesetzt wird. Die Pedale bewegen das Tretlager und drehen über die Kette den Zahnkranz, der auf der Nabe des Hinterrads befestigt ist, und diese bewegt das Hinterrad.

Fahrräder mit Kettenschaltung arbeiten mit Schaltwerken oder Umwerfern, um die Kette auf Kränze oder Kettenblätter unterschiedlicher Größe zu bewegen. Jede Kombination von Kranz und Kettenblatt ergibt ein unterschiedliches Übersetzungsverhältnis. Bei 27 Kombinationen (3x9) sind dies etwa zwölf »echte« Gänge (ohne Dopplungen), mit denen man am steilsten Berg und in der Abfahrt zurechtkommt.

Die Kassette im Einzelnen

Die Kassette überträgt die Bewegung der Kette aufs Laufrad. Sie besteht aus Kränzen, die auf dem Kassettenkörper stecken, der auf der Nabe befestigt ist. Im Kassettenkörper steckt der Freilauf, sodass sich das Rad drehen kann, auch wenn die Kassette still steht.

Aufbau der Kette

Die Kette ist das Schlüsselteil, um Pedalkraft in Vorwärtsbewegung zu verwandeln.

Um die Kraft effektiv zu übertragen, muss die Kette stabil sein, aber flexibel genug, um sich an die Zähne von Kettenblatt und Kranz anzuschmiegen. Dafür bewegen sich eine Reihe von Gliedern um Bolzen, die von beweglichen Hülsen umgeben sind.

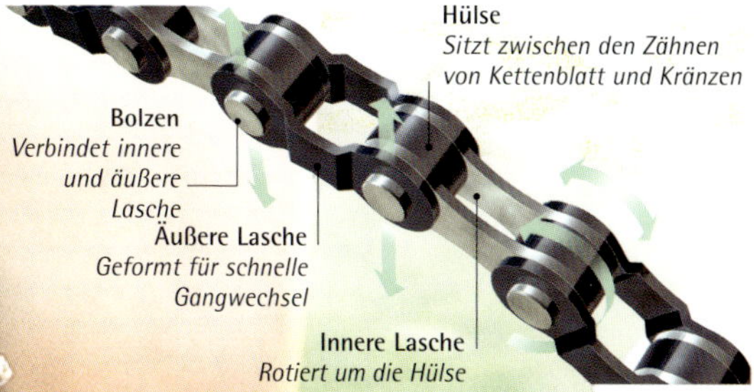

Leichte Komponenten

Kette, Kassette und Tretlager sind leicht gebaute Teile. Man setzt ausgereifte Technik und Konstruktionsmerkmale ein, um bei aerodynamischer Form optimale Härte und Haltbarkeit zu erzielen.

Ketten

Die Kette zu wechseln, ist eine immer wiederkehrende Wartungsarbeit. Alle Ketten nutzen sich irgendwann ab, auch wenn sie ständig gereinigt und geschmiert werden. Eine abgenutzte Kette wird, außer dass sie nicht mehr effizient arbeitet, andere Teile des Antriebs abnutzen und sich daher als teuer erweisen.

Um die Abnutzung einer Kette beurteilen zu können, benutzt man entweder ein Spezialwerkzeug aus dem Radladen oder misst die Länge von 24 Gliedern. Beträgt diese mehr als 300 mm, ist die Kette verschlissen.

Moderne Ketten von Kettenschaltungen verschließt man mit einem speziellen Niet, der mit der Kette geliefert wird. Um eine Kette schließen zu können, benötigt man einen Kettennietdrücker. Die dickeren Ketten von Nabenschaltungen, BMX-Rädern und manchen Eingang-Rädern werden mit teilbaren Gliedern verschlossen.

Position am Rad

Teile einer offenen und einer Shimano-Kette

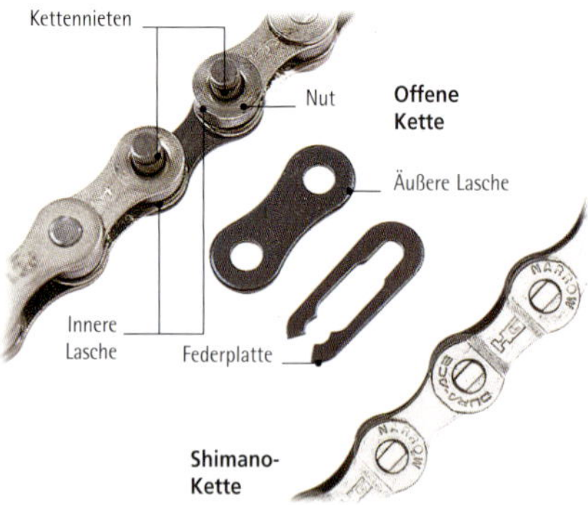

Werkzeug

- Kettennietdrücker
- Spitzzange

Hyperglide-Kette austauschen

1 **Schalten Sie** aufs kleinste Kettenblatt und den kleinsten Kranz, damit die Kette entspannt ist.

- Legen Sie ein Glied in den Kettennietdrücker und drücken Sie den Niet aus, bis sich die Kette öffnet.
- Nehmen Sie die alte Kette ab.

3 **Entfernen Sie** die überflüssigen Kettenglieder. Achten Sie darauf, dass jeweils eine innere und äußere Lasche am Ende der Kette bleibt, die man verbinden kann.

- Verbinden Sie die Kettenglieder, indem Sie den Verbindungsniet mit dem Kettennietdrücker hineindrücken.

2 **Führen Sie die neue Kette** über die Schaltröllchen, um das größte Kettenblatt und den kleinsten Zahnkranz.

- Bringen Sie die beiden Enden zusammen, bis ein wenig Spannung auf dem Schaltkäfig ist. So bestimmt man die nötige Kettenlänge.

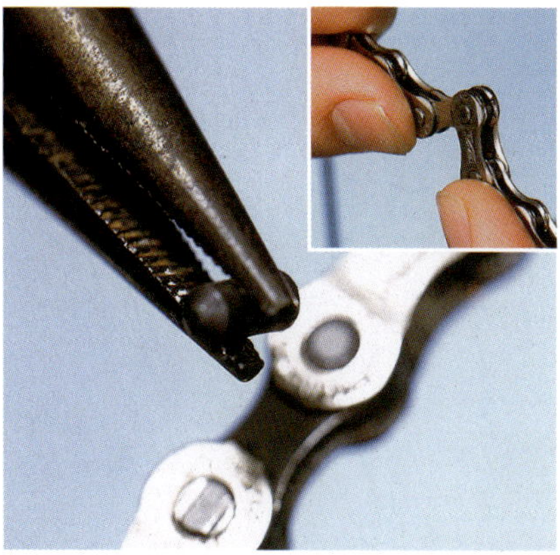

4 **Lockern Sie steife Kettenglieder,** die entstehen, wenn die Laschen durch den Zusammenbau, wie in Schritt 3, zusammengepresst werden.

- Verbiegen Sie das steife Kettenglied seitlich, *(kl. Foto)* bis es sich wieder leicht bewegen lässt.
- Entfernen Sie den überstehenden Teil des Niets bei einer Shimano-Kette. Dieser ist doppelt so lang.
- Brechen Sie den überstehenden Teil mit der Spitzzange ab.

Offene Kette schließen

1 **Schließen Sie die Kette,** indem Sie die Verschluss-Platte mit den zwei festen Nieten durch die Hülsen der Kettenenden stecken.

- Drücken Sie die äußere Lasche auf die beiden Nieten, die nun heraus stehen.

2 **Schieben Sie die Federplatte** in die Nuten der Verschluss-Nieten. Darauf haben Sie soeben die äußere Lasche aufgesteckt. Das offene Ende der Federplatte sollte zum Fahrrad-Heck deuten.

- Fixieren Sie die Federplatte. Schieben Sie die Platte mit der Spitzzange hinein, bis sie einrastet.

Kassette und Freilauf

Die Kassette und der Freilauf erlauben die Rotation des Hinterrads, auch wenn die Pedale nicht bewegt werden. Der innere Mechanismus – bei Kassetten sitzt er in der Nabe, bei manchen Freiläufen in einem eigenen Körper – kann sich abnutzen und muss dann ausgetauscht werden. Die Zahnkränze verschleißen ebenfalls. Man muss die Kränze auch entfernen, wenn man eine gebrochene Speiche auf der Antriebsseite des Hinterrads austauschen will.

Die benötigten Werkzeuge, um Freilauf- oder Kassettenkränze zu entfernen, sind je nach Produkt spezifisch. Normalerweise ist der Name des Herstellers auf den Komponenten eingestanzt. Sind Sie sich nicht sicher, welches Werkzeug passt, sollten Sie das Hinterrad mit in den Radladen nehmen, wenn Sie das Werkzeug kaufen.

Position am Rad

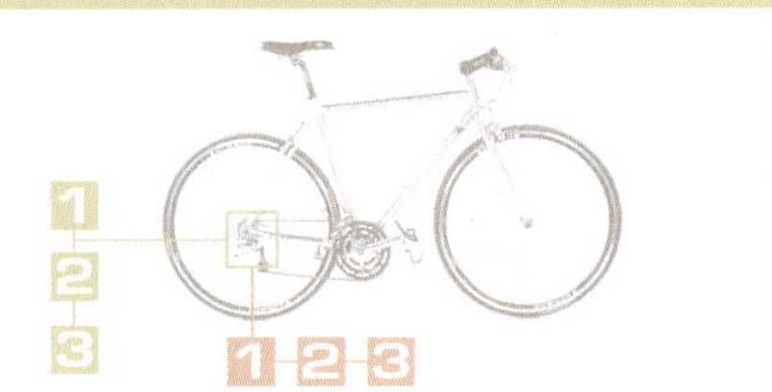

Teile des Freilaufs und der Kassette

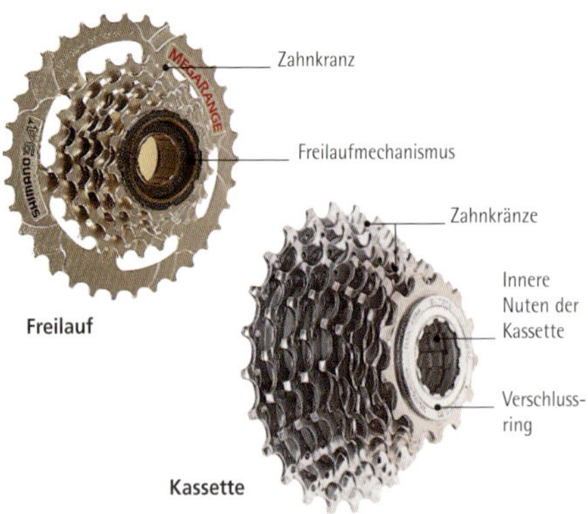

Werkzeug

- Maulschlüssel
- Kassettenschlüssel
- Kettenpeitsche
- Kranzabzieher
- Fett

Kassette ausbauen

1 **Nehmen Sie den Schnellspanner** aus dem Hinterrad.

- Setzen Sie den Kassettenabzieher in die Nuten des Verschlussrings in der Mitte der Kassette.
- Schrauben Sie den Schnellspanner wieder hinein, um den Abzieher zu sichern.

Freilauf ausbauen

1 **Nehmen Sie den Schnellspanner** aus dem Hinterrad und setzen den Kassettenabzieher in die Nuten des Verschlussrings in der Mitte der Kassette.

- Sichern Sie den Abzieher, indem Sie den Schnellspanner wieder einsetzen und schließen.

2 **Legen Sie die Kettenpeitsche** um einen der Zahnkränze, und benutzen Sie einen Maulschlüssel für den Abzieher.

- Drücken Sie beide Werkzeuge nach unten. So wird die Kassette festgehalten, während der Verschlussring geöffnet wird.
- Entfernen Sie dann den Schnellspanner.
- Schrauben Sie den Verschlussring mit dem Abzieher ganz heraus.

3 **Entfernen Sie den kleinsten Zahnkranz,** nachdem Sie den Verschlussring abgenommen haben. Bei vielen Modellen besteht die Kassette aus einem Stück. Ist dies nicht der Fall, müssen Sie die einzelnen Kränze später wieder korrekt aufsetzen. Ansonsten arbeitet die Schaltung nicht gut. Normalerweise befinden sich Markierungen auf den Kränzen, sodass sich mit deren Hilfe beim Zusammenbau Fehler vermeiden lassen.

2 **Mit dem Maulschlüssel** drehen Sie den Abzieher nun gegen den Uhrzeigersinn.

- Ist der Schraubkranz locker, entfernen sie den Schnellspanner und drehen Sie weiter, bis sich der Schraubkranz von der Achse nehmen lässt.

3 **Überprüfen Sie** den integrierten Freilaufmechanismus, der nicht mit der Nabe zusammenhängt. Ersetzen Sie ihn, wenn er abgenutzt ist.

- Fetten Sie das Gewinde der Nabe kräftig und drehen Sie den Schraubkranz von Hand wieder auf.
- Fixieren Sie den Schraubkranz, indem Sie ihn mit dem Maulschlüssel und dem Abzieher festziehen.

Tretlager

Um alte Kurbeln zu ersetzen, Kettenblätter zu reinigen oder zu ersetzen, oder am Innenlager zu arbeiten, muss man wissen, wie man das Tretlager demontiert.

Kurbeln sind auf vier Arten befestigt: Kurbeln mit Sechskantschraube öffnet man mit einem Kurbelschlüssel (siehe Schritt 1). Selbstabziehende Kurbeln öffnet man mit einem 8-Millimeter-Inbus (Schritt 2). Ausführungen mit Standard-Inbusschrauben öffnet man mit einem passenden Inbus. Für Kurbeln auf Hohlwellentretlagern führen Sie die Anweisungen auf Seite 74, Schritt 5 in umgekehrter Reihenfolge aus.

Benutzen Sie weder Öl noch Fett für die Achse, wenn Sie ein Tretlager wieder montieren. Die Kurbeln müssen trocken sein, wenn sie auf die Achse kommen, andernfalls werden sie sich lockern. Nach der Montage sollte man kurz fahren und versuchen, die Schrauben danach weiter anzuziehen. Ziehen Sie die Schrauben so fest wie möglich.

Position am Rad

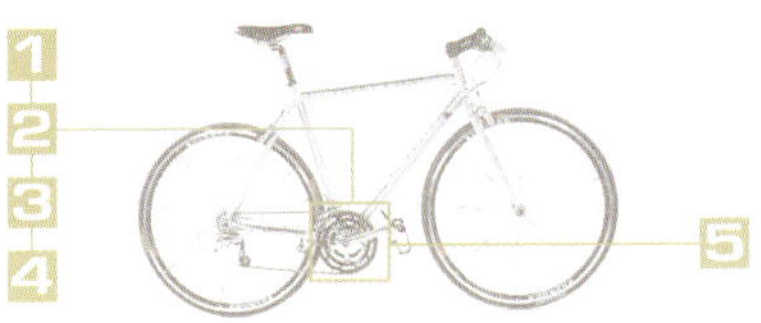

Teile des Tretlagers

Werkzeug

- Kurbelabzieher • 5-mm-Inbusschlüssel
- 8-mm-Inbusschlüssel oder Kurbelschlüssel
- Stiftschlüssel für Kettenblattschrauben

Tretlager entfernen

1 **Die Sechskantschraube** mit einem Kurbelschlüssel oder einer Nuss öffnen. Normale Steckschlüssel sind oft zu dick, um zwischen Kurbel und Schraube zu passen.

- Fixieren Sie die Kurbel mit Ihrer freien Hand, um Gegenhalt zu haben. Arbeiten Sie zum Boden hin, damit Sie sich nicht an den Kettenblättern verletzen, falls Sie abrutschen.
- Um das Tretlager zu entfernen befolgen Sie Schritt 4.

4 **Benutzen Sie einen Kurbelabzieher,** um das Tretlager abzuziehen, falls es sich nicht um ein integriertes System handelt. Achten Sie darauf, dass Sie auch die Beilagscheibe unter der Schraube zuvor entfernt haben.

- Schrauben Sie den Abzieher behutsam in das empfindliche Gewinde der Kurbel. Ist der Abzieher komplett eingeschraubt, drehen Sie den Griff im Uhrzeigersinn, um die Kurbel abzuziehen.

2 **Öffnen Sie die selbst abziehende Inbusschraube** mit einem 8-Millimeter-Inbus. Bei diesem System zieht sich die Kurbel ab, während man die Schraube herausdreht.

- Fixieren Sie die Kurbel mit Ihrer freien Hand, um Gegenhalt zu haben. Arbeiten Sie zum Boden hin, damit Sie sich nicht an den Kettenblättern verletzen, falls Sie abrutschen.
- Um das Kettenblatt zu entfernen befolgen Sie Schritt 5.

3 Benutzen Sie einen langen Inbusschlüssel, wenn das Tretlager mit einer Inbusschraube fixiert ist. Üblicherweise benötigt man einen 8-mm-Inbus.

- Arbeiten Sie zum Boden hin, damit Sie sich nicht an den Kettenblättern verletzen, falls Sie abrutschen.
- Um das Tretlager zu entfernen, befolgen Sie Schritt 4.

5 **Das Kettenblatt demontieren** Sie mit einem 5-mm-Inbus auf der einen Seite und einem Stiftschlüssel, um auf der anderen Seite gegenzuhalten. Dies kann man auch erledigen, ohne die Kurbel von der Achse zu nehmen. Beim kleinsten Blatt von manchen Dreifach-Kettenblättern ist es allerdings unumgänglich.

- Knarzende Geräusche eliminiert man, indem man die Kettenblattschrauben fettet, bevor man sie wieder einschraubt. Standardschrauben sind aus Stahl. Ziehen Sie Aluminium- oder Titanschrauben sehr vorsichtig an, um sie nicht abzudrehen.

Innenlager

Es gibt zwei hauptsächlich vorkommende Arten von Innenlagern: Patronenlager oder Lager mit Hohlwellen. Beide arbeiten mit gedichteten Lagern, die sich mit der Zeit abnutzen können. Bei einem Patronenlager muss man die komplette Einheit ersetzen. Beim Hohlwellen-Typ kann man die Lagerschalen austauschen.

So funktioniert's

Das Innenlager ist durch eine Achse mit den Kurbeln der beiden Pedale verbunden, die sich im Rahmeninneren dreht. Alle Innenlager bestehen aus der Achse (eigentlich Welle), zwei Kugellagern und zwei Lagerschalen mit Gewinde (die so genannte freie und die feste Schale). Beim Patronenlager sind beide Kurbeln auf die Welle aufgeschraubt, beim Hohlwellenlager ist die Kurbel auf der Kettenblattseite fest mit der Welle verbunden, lediglich die linke Kurbel wird auf der Welle festgeschraubt. Die Welle des dritten Typs, das BMX-Innenlager, besitzt ein Außengewinde - das ganze Lager wird durch einen Konterring fixiert, der auf der linken Achsseite aufgeschraubt wird.

Starkes Stück
Die Welle und die Lager des Innenlagers müssen steif und ausdauernd gebaut sein, um Kraft und Gewicht des Fahrers auszuhalten.

Aufbau des Patronenlagers

Die Kugellager des Patronenlagers befinden sich zwischen inneren und äußeren Lagerringen und sind mit Kunststoffscheiben abgedichtet. Diese gekapselten Kugellager befinden sich außen am jeweiligen Ende der Innenlagerwelle. Eine röhrenförmige Hülse liegt über den Kugellagern und fixiert sie. Die feste und die freie Lagerschale stecken auf dieser Hülse und bilden somit eine dichte Einheit.

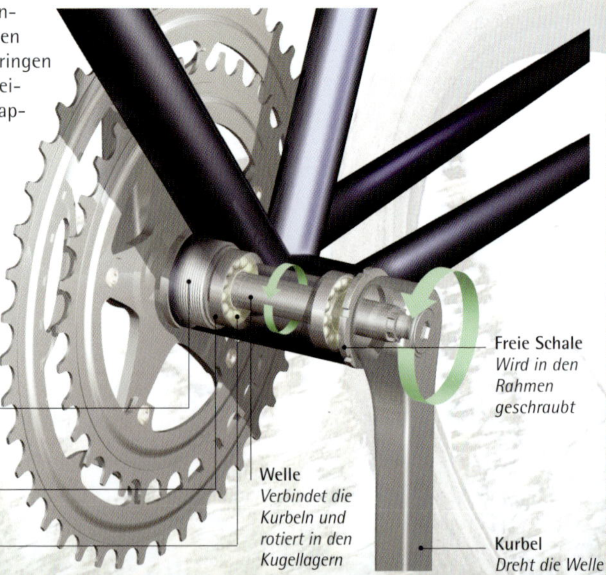

Aufbau des Hohlwellenlagers

Die Kurbel der Antriebsseite ist permanent mit der Hohlwelle verbunden, die durch zwei Lager verläuft. Die Kurbel der anderen Seite wird auf die Welle aufgesteckt und mit zwei Schrauben fixiert. Die Abdeckkappe, die in die Welle geschraubt wird, drückt die Kurbel gegen das Lager, um Spiel zu verhindern, im Prinzip wie der Deckel eines Ahead-Steuersatzes (Seite 90).

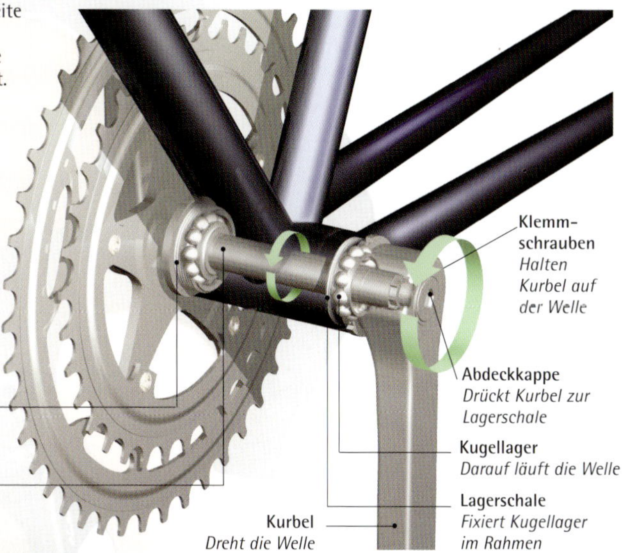

Patronenlager

Patronenlager sind wartungsfrei. Ihre Kugellager sind gedichtet und damit vor Umwelteinflüssen geschützt – selbst wenn man das Rad abspritzt oder mit dem Dampfstrahler reinigt. Dazu muss man allerdings die Pedale vorwärts bewegen, während man es abspritzt.

Wenn die Lager sich schließlich abnutzen, muss man die ganze Einheit austauschen. Es gibt für jedes Innenlager spezifisches Werkzeug. Prüfen Sie daher, welches Fabrikat bei Ihrem Rad eingebaut ist, bevor Sie das Werkzeug kaufen.

Es gibt drei verschiedene Typen von Achsen (Wellen), die in Innenlagern verbaut werden: Vierkant, Shimano Octalink und Isis. Auf den Fotos ist eine Vierkant-Achse gezeigt, unten sieht man ein Shimano Octalink-System. Falls Ihr Rad mit einem italienischen Innenlager ausgestattet ist, markiert mit 36x1, sollten Sie Ihren Radladen beim Austausch um Hilfe bitten.

Position am Rad

Teile eines Patronenlagers

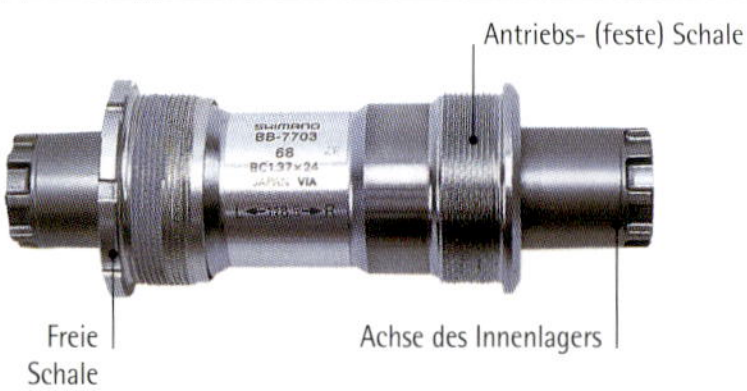

Werkzeug

- Schieblehre
- Lineal
- Maulschlüssel
- Innenlagerschlüssel
- Fett

Einbau des Patronenlagers

1 **Spannen Sie das Rad i**n einen Montageständer und bauen Sie das Tretlager ab *(S. 68-69).*

- Mit einer Schieblehre messen Sie die Länge der alten Achse, bevor Sie das Innenlager ausbauen, um sicherzugehen, dass das neue Lager die gleiche Achslänge aufweist. Es gibt verschiedene Achslängen für unterschiedliche Tretlager.

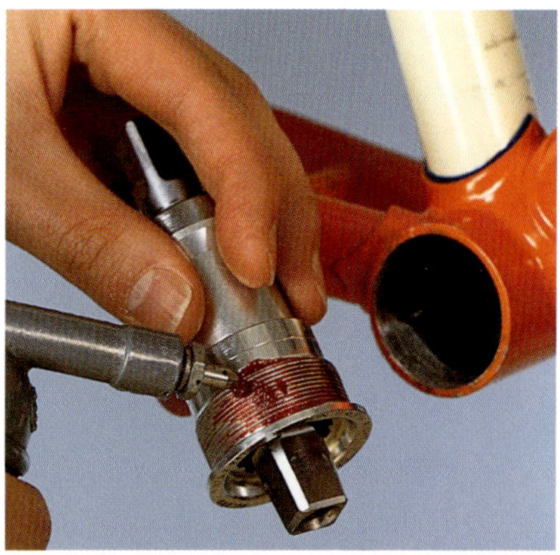

4 **Fetten Sie die Schalengewinde** des neuen Innenlagers, um es besser einschrauben zu können. Auf der Nichtantriebsseite nennt man es freie Schale, auf der Antriebsseite feste Schale. Bei einem italienischen Lager die feste Schale nicht einfetten.

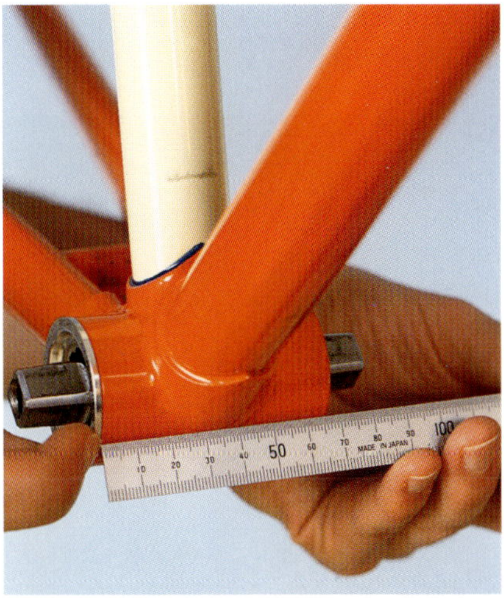

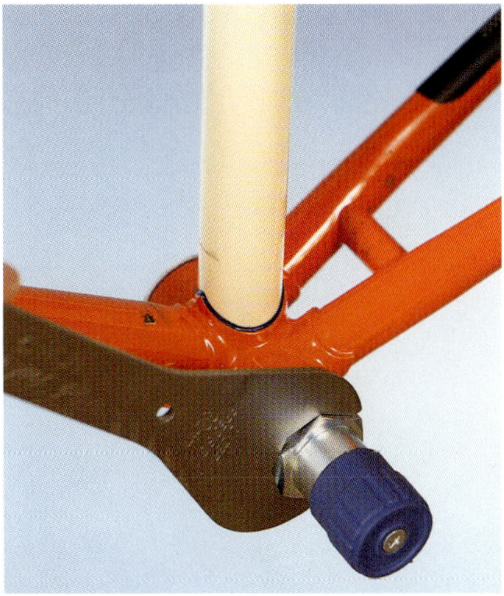

2 **Messen Sie die Breite** des Tretlagergehäuses Ihres Rads mit einem Lineal. Das Gehäuse ist Teil des Rahmens und ist entweder 68 mm oder 73 mm breit. Dieses Maß bestimmt die Breite des Innenlagers, das Sie kaufen müssen.

3 **Entfernen Sie beide Kurbeln** *(S. 68-69).* Setzen Sie den Innenlagerschlüssel auf der Nichtantriebsseite auf und drehen ihn mit dem Maulschlüssel gegen den Uhrzeigersinn.

- Auf der anderen Lagerseite drehen Sie den Schlüssel im Uhrzeigersinn. Handelt es sich um ein italienisches Lager (markiert mit 36 x 1), müssen Sie gegen den Uhrzeigersinn drehen.

5 **Schrauben Sie das Patronenlager** von der Antriebsseite aus mit dem Lagerschlüssel ein. Der Schlüssel muss dabei sauber in die Nuten der Lagerschale eingesetzt werden (vergrößertes Foto).

- Setzen Sie die freie Schale ein, bevor Sie die feste Schale vollständig festziehen. Mit dem Lagerschlüssel ein paar Gewindegänge eindrehen. Die Schale der Antriebsseiten, dann die freie Schale festziehen.

Innenlager mit Hohlwelle

Das Hohlwellen-System wurde erfunden, um das Tretlager noch stabiler zu gestalten. Die Tretlagerschalen werden dabei an die Außenseiten des Tretlagergehäuses am Rahmen geschraubt, sodass man eine hohle und stabilere Welle mit größerem Durchmesser als bisher einsetzen kann. Da die Lager einen größeren Abstand als bei anderen Innenlagern aufweisen, vertragen sie eine höhere Belastung, was sich positiv auf die Lebenserwartung auswirkt. Jedoch auch diese Lager können sich irgendwann abnutzen, sodass man wissen sollte, wie man sie austauscht. Man benötigt diese Anleitung auch, falls man sein Rad damit tunen möchte.

Position am Rad

Teile des Hohlwellenlagers

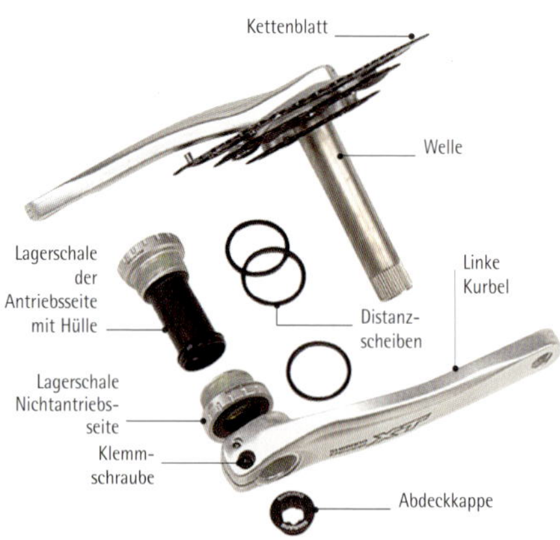

Werkzeug

- Tretlagerschlüssel für Hohlwellenlager
- Schlüssel für Abdeckkappe • Inbus-Multitool

Montage des Hohlwellenlagers

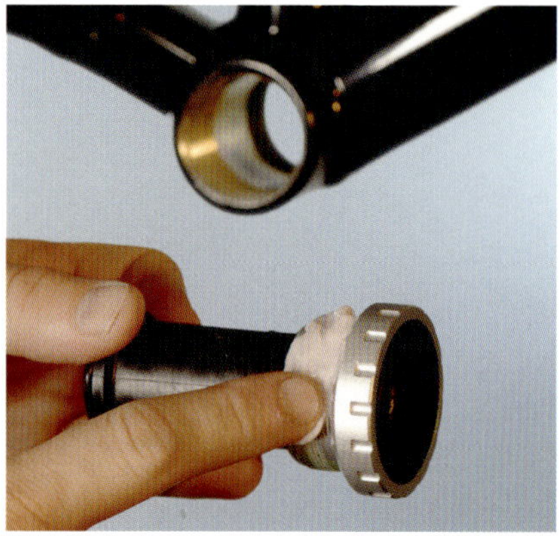

1 **Das Tretlagergehäuse** des Rahmens muss plan und glatt sein. Fürs Planfräsen bräuchte man Spezialwerkzeug, ob es nötig ist, kann man in der Werkstatt prüfen lassen.

- Die Breite des Tretlagergehäuses messen, um mithilfe der Herstelleranleitung festzulegen, wie viele Distanzscheiben man auf welcher Tretlagerseite benötigt.
- Gewinde der Lagerschalen fetten und entsprechende Distanzscheiben aufsetzen.

4 **Die linke Kurbel** auf die Welle aufschieben.

- Die Kurbel muss genau 180 Grad zur rechten Kurbel stehen. Kurbel und Welle weisen an dieser Stelle eine jeweils breitere Rille, beziehungsweise Verzahnung auf.
- Im Gegensatz zu anderen Tretlagertypen soll hier Fett zwischen Kurbel und Welle, das man vor dem Befestigen aufträgt.

2 **Die Lagerschalen** soweit wie möglich mit der Hand eindrehen (kleines Bild).

- Auf der Antriebsseite gegen den Uhrzeigersinn einschrauben, auf der gegenüberliegenden Seite im Uhrzeigersinn.
- Beide Schalen mit dem Spezialschlüssel jeweils gut festziehen.
- Die Welle vor dem Einführen ins Lager einfetten.

3 **Die Kurbel mit Kettenblättern** halten und die Welle von der Antriebsseite ins Lager einführen.

- Welle durchschieben, bis sie auf der anderen Seite wieder herauskommt.
- Beim Durchführen durch die gegenüberliegende Lagerschale verspürt man oft leichten Widerstand. Ein kurzer Schlag mit dem Karosseriehammer auf die Kurbel lässt die Welle durch die Lagerschale rutschen.

5 **Das Gewinde** der Abdeckkappe fetten und mit den Fingern eindrehen.

- Die Abdeckkappe mit dem entsprechenden Werkzeug festziehen, sodass die Kurbel korrekt auf der Welle sitzt.
- Die Abdeckkappe nicht zu fest anziehen. Drehen Sie die Kurbeln. Falls sich diese zu unwillig bewegen, die Kappe wieder etwas lockern.

6 **Die Klemmschrauben** mit einem Inbusschlüssel anziehen, um die Kurbel zu fixieren.

- Die Klemmschrauben arbeiten paarweise, daher müssen sie gleichmäßig angezogen werden. Immer abwechselnd die eine, dann die andere Schraube anziehen, bis beide fest sitzen. Schrauben nicht extrem anziehen!
- Falls Sie einen Drehmomentschlüssel besitzen, befolgen Sie die entsprechenden Angaben des Herstellers.

BMX-Innenlager

An BMX-Rädern findet man einige unterschiedliche Innenlager. Der hier beschriebene Typ ist vom Bau her ähnlich zu vielen Lagern, die man in Kinderrädern verbaut.

Der größte Unterschied zu normalen Fahrradlagern besteht darin, dass sich das Gewinde, um das Lager im Rahmen zu sichern, auf der Achse statt auf den Schalen des Innenlagers befindet. Die Achse hat ein Schalen- und Konus-Design, ähnlich wie ein offenes Nabenlager *(S. 100–101)*. Der Konus der Antriebsseite, Kettenblatt und Achse bestehen aus einem Stück. Die Kurbeln sind angeschraubt. Diesen Typ von Tret- und Innenlager nennt man dreiteiliges Tretlager. Den Konterring auf den Konus zu schrauben, erfordert ein wenig Erfahrung, damit das Innenlager auch richtig eingestellt ist und sitzt.

Position am Rad

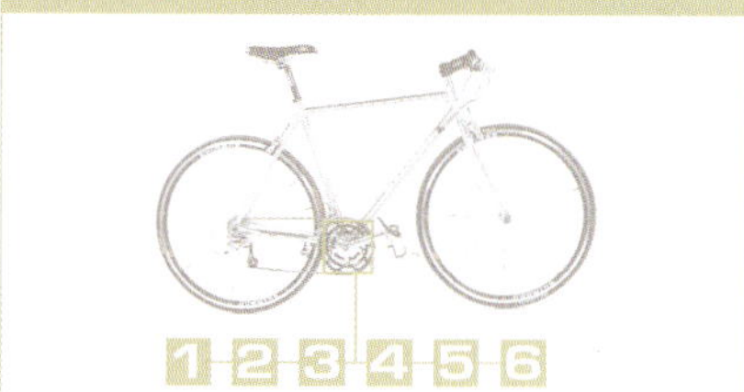

Teile eines BMX-Innenlagers

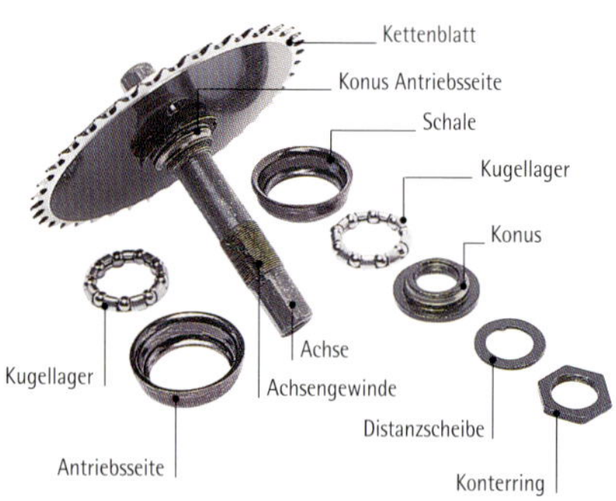

Werkzeug

- Inbus-Multitool
- Stiftschlüssel
- Maulschlüssel
- Fett
- Entfetter

BMX-Innenlager montieren

1 **Entfernen Sie die Inbusschraube** in der Kurbel der Nichtantriebsseite. Lösen Sie dann die Schraube seitlich an der Kurbel.

4 **Setzen Sie das gefettete** Antriebsseiten-Lager wieder ein und stecken die Achse hindurch, sodass sie auf der anderen Seite übersteht.

- Führen Sie das gefettete Kugellager der Nichtantriebsseite über die Achse und in die Schale.
- Achten Sie darauf, dass dieses Kugellager gut in seiner Schale sitzt.

2 **Ziehen Sie die Kurbel ab.** Halten Sie die Antriebsschale mit einem Stiftschlüssel, während Sie den Konterring aufschrauben.

- **Entfernen Sie den Distanzring** und den Konus. Ziehen Sie das Kugellager der Nichtantriebsseite von der Schale, die sich im Lagergehäuse befindet.
- Untersuchen, reinigen und fetten Sie den Konus.

3 **Haben Sie den Konterring** und den Konus auf der Nichtantriebsseite entfernt, können Sie das Innenlager auf der Antriebsseite herausnehmen.

- Halten Sie die Einheit an der Kurbel fest und reinigen und entfetten Sie das Kugellager. Tauschen Sie abgenutzte Teile aus, das Kugellager wieder fetten.
- Untersuchen Sie die Schalen und Laufflächen des Lagers. Ersetzen Sie abgenutzte Schalen oder Konen.

5 **Montieren Sie den Konus** und die Distanzscheibe der Nichtantriebsseite. Schrauben Sie den Konus mit dem Stiftschlüssel über das Kugellager. Schrauben Sie den Konterring auf die Achse.

- Fixieren Sie den Konus an dem Kugellager und drehen Sie den Konterring fest. Dann drehen Sie den Konus wieder etwas heraus, gegen den Konterring. Die Achse benötigt ein wenig Spiel. Ist dieses allerdings zu groß, springt die Kette ab.

6 **Den Distanzring** auf die Achse der Nichtantriebsseite schieben und die Kurbel aufsetzen.

- Ziehen Sie die zentrale Inbusschraube an, dann ziehen Sie die seitliche Kurbelschraube fest.

Pedale

Es gibt zwei Sorten von Pedalen: flache und Klickpedale. Pedale mit offenen Lagern benötigen regelmäßige Inspektionen und Wartung. Klickpedale müssen geschmiert werden, damit sie leicht auslösen. Cleats sollten korrekt an der Schuhsohle montiert sein und regelmäßig auf Abnutzung untersucht werden.

So funktioniert's

Die beiden Pedale übertragen die Bewegung der Beine und Füße auf die Kurbeln, die wiederum die Achse im Innenlager drehen. Der Körper eines Pedals rotiert um eine Achse und wird von Lagern gehalten, die entweder offen oder Industrielager sind. Die Pedalachse wird in die Kurbel geschraubt.

Pedale sollten den Fuß des Fahrers irgendwie festhalten. Wenn man im Stadtverkehr oft den Fuß absetzen muss, verhindern beispielsweise kleine Noppen oder Stifte, dass der Fuß vom Pedal abrutscht. Manche flache Pedale sind mit Haken und Riemen ausgestattet, um den Vorderfuß zu fixieren. Dabei kann es vorkommen, dass sich der Fuß schlecht befreien lässt. Klickpedale halten den Fuß sicher fest und lassen sich jederzeit auslösen.

Energieübertragung
Die Erfindung der Pedale definierte das Radfahren. Sie sind der erste Schritt auf dem Weg, menschliche Energie in mechanische Bewegung umzuwandeln.

Aufbau des flachen Pedals

Auf der Pedalachse werden zwei Kugellager durch Konen und einen Verschlussring gehalten, der am Ende der Achse sitzt. Ein gezahnter Ring hält den Pedalkörper auf der Achse. Der Konus (nicht sichtbar) und der Ring können eingestellt werden, um die freie Rotation des Pedalkörpers auf der Achse ohne Spiel zu ermöglichen.

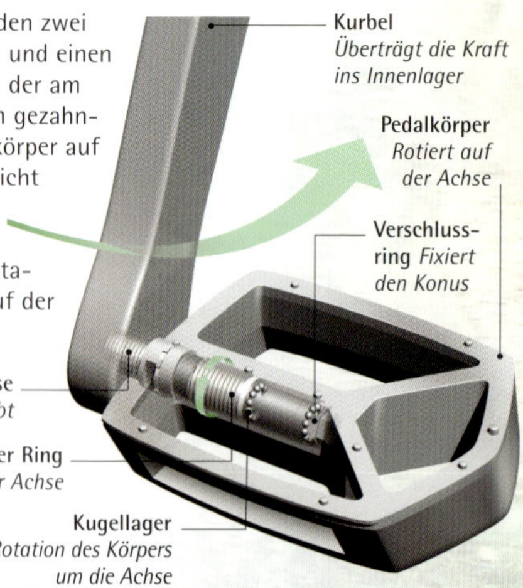

Pedal
Verbindet den Fuß mit dem Antrieb

Pedalachse

Die Pedalachse besteht üblicherweise aus Stahl, die Kurbeln aus Aluminium. An der Kontaktstelle der beiden unterschiedlichen Metalle kann daher eine chemische Reaktion entstehen. Deswegen ist es sehr wichtig, die Gewinde gut zu schmieren, bevor man die Pedale einschraubt. Es gibt je nach Modell spezifisches Werkzeug, um die Achse auszuschrauben. Entweder wird es mit dem Pedal geliefert oder ist im Radladen erhältlich.

Die meisten Pedale enthalten zwei Kugellager, auf denen sich der Pedalkörper um seine Achse dreht. Diese müssen manchmal ausgetauscht werden. Handelt sich um offene Kugellager, müssen sie regelmäßig gereinigt, geprüft und gefettet werden.

Pedalachsen können durch Stöße oder bei einem Sturz beschädigt werden. Eine verbogene Achse fühlt sich unangenehm an und kann sogar zu Verletzungen führen. Haben Sie die Pedale abgeschraubt, drehen Sie die Achsen, um zu spüren, ob sie verbogen sind.

Position am Rad

Teile des Pedals

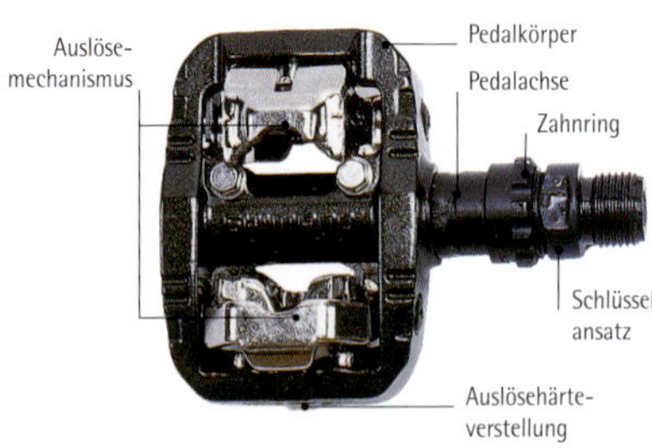

Werkzeug

- 15-mm-Pedalschlüssel
- Inbus-Multitool
- Pedalachsen-Werkzeug
- Entfetter
- Fett

Pedalachse ausbauen und fetten

1 **Schrauben Sie das Pedal** mit einem flachen Pedalschlüssel ab.

- Das rechte Pedal schraubt man gegen den Uhrzeigersinn ab, es besitzt ein Rechtsgewinde. Das linke Pedal besitzt ein Linksgewinde und wird im Uhrzeigersinn abgeschraubt.
- Halten Sie die jeweils andere Kurbel mit der freien Hand, um Gegendruck zu haben.

4 **Ziehen Sie die Achse** aus dem Pedal, wenn Sie den Zahnring komplett abgeschraubt haben.

- Reinigen Sie die Achse mit Entfetter und inspizieren sie. Ist sie verbogen, muss sie ersetzt werden.
- Ersetzen Sie die Kugellager am Ende der Achse, falls diese abgenutzt sind.

2 **Spannen Sie das abgeschraubte Pedal** mit der Achse nach oben in einen Schraubstock.

- Schrauben Sie die Achse mithilfe des speziellen Werkzeugs aus (hier ein Kunststoffring). Dieses passt auf den gezahnten Ring, der die Achse im Pedal hält.

3 Achten Sie darauf, dass das Pedalwerkzeug gut auf dem Zahnring sitzt. Ist dies nicht der Fall, kann er beschädigt werden.

- Setzen Sie einen Maulschlüssel auf den Kunststoffring und drehen ihn.
- Beim rechten Pedal drehen Sie das Linksgewinde im Uhrzeigersinn, bei der linken Pedalachse drehen Sie das Rechtsgewinde gegen den Uhrzeigersinn.

5 **Fixieren Sie den Konus** mit einem Maulschlüssel und entfernen Sie den Konterring mit einem zweiten Schlüssel. Konus und Konterring halten das Kugellager am Ende der Achse.

- Entfernen Sie den Konus, dann das alte Lager. Reinigen Sie das Achsenende.
- Fetten Sie das neue Kugellager gut ein und schrauben Sie den Konus wieder auf. Dann fixieren Sie den Konus mit dem Konterring.

6 **Fetten Sie das innere Kugellager,** um sein Leben zu verlängern. Ist es abgenutzt, muss die ganze Achseinheit ersetzt werden.

- Drücken Sie Fett ins Kugellager, nachdem Sie die Achse gereinigt haben. Um das Pedal wieder zusammenzubauen, befolgen Sie die Schritte 1-4 in umgekehrter Reihenfolge.

Klickpedale

Klickpedale wurden entwickelt, damit der Rennfahrer während der gesamten Kurbelumdrehung Kraft aufs Pedal ausüben kann. Sie fixieren den Fuß auf dem Pedal, indem eine Platte, die an der Sohle des Schuhs befestigt wird, in einen Mechanismus einrastet. Dieser Mechanismus, der die Platte hält, funktioniert mit einer Feder – dreht man die Ferse nach außen, wird die Platte freigegeben.

Diese Auslösefeder muss immer sauber und gut geschmiert sein. Benutzen Sie für Rennradpedale leichtes Öl, für Mountainbike-Pedale dickeres. Wischen Sie überschüssiges Öl ab, damit Sie nicht vom Pedal abrutschen. Der Mechanismus des Klickpedals lässt seitliches Spiel des Fußes bei der Kurbelumdrehung zu. Die Feder zu ölen genügt, um ein Klickpedal in Ordnung zu halten.

Werkzeug

- 15-mm-Maulschlüssel
- Inbus-Multitool
- Entfetter
- Harte Bürste
- Öl

Straßenpedale

Rennpedale sind leicht, bieten gute Unterstützung und sind aufgrund der höheren Geschwindigkeit auf der Straße aerodynamisch gestaltet. Sie müssen den Fuß leicht einhaken, freigeben und sicher fixieren. Idealerweise kann man das Spiel gemäß der eigenen Fußbewegungen auf dem Pedal einstellen.

Time-Straßenpedal
Diese Pedale bieten individuelle Einstellmöglichkeiten für den Bewegungsspielraum eines Fahrers. Zur Wartung schrubbt man sie regelmäßig mit einer harten Bürste und Entfetter ab. Ausspülen, dann die Auslösefeder mit dickem Öl schmieren, das man darüber tropft.

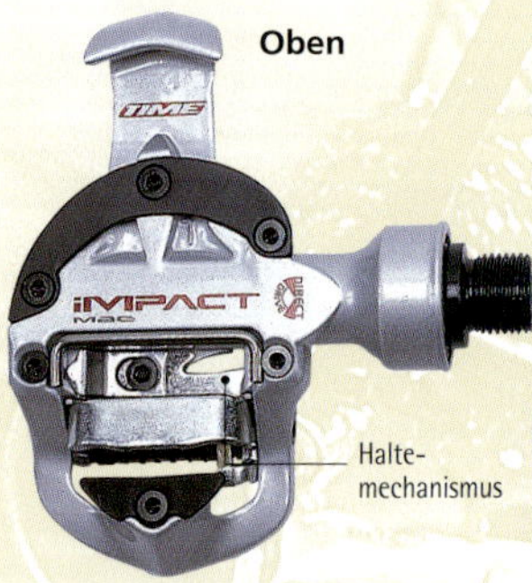

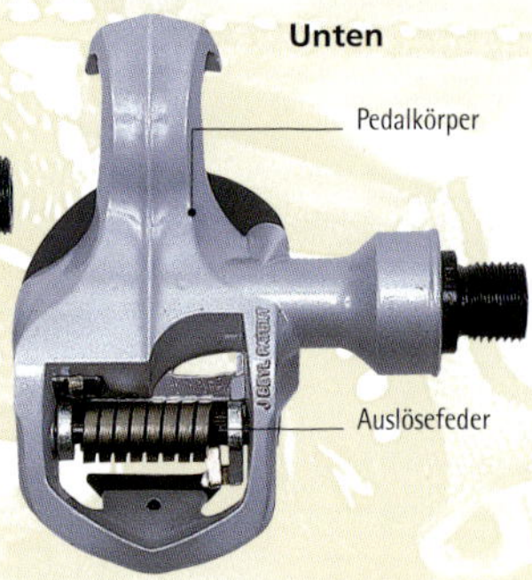

Look-Straßenpedal
Eine kleine Inbusschraube in der Mitte des Pedalkörpers stellt den Winkel des seitlichen Spiels ein, den dieses Pedal zulässt. Die Auslösehärte reguliert die gelbe Schraube an der Rückseite des Pedals. Tropfen Sie ab und zu Öl zwischen den Pedalkörper und die hintere Platte.

Mountainbike-Pedale

An Mountainbike-Klickpedalen befindet sich der Haltemechanismus auf beiden Seiten. So kann man jederzeit einklicken, egal welche Seite sich oben befindet.

Time-MTB-Pedal
Die wenigen beweglichen Teile dieses einfach gehaltenen Pedals befinden sich geschützt im Inneren. Halten Sie alle Teile sauber und tröpfeln Sie ab und zu dickes Öl auf die Stelle, wo der Haltebügel ins Pedal führt. Falls nötig, können Sie Lager und Achse austauschen *(S. 80-81)*.

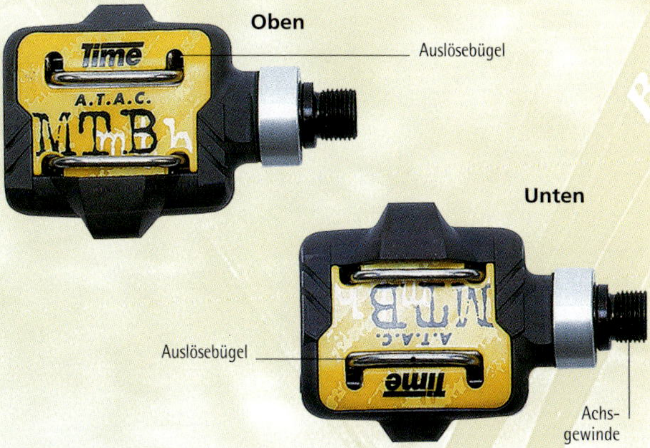

Shimano-MTB-Pedal
Das offene Design dieses Pedals säubert sich gut selbst von Matsch. Der Haltemechanismus ist dadurch aber sehr ausgesetzt. Säubern und entfetten Sie das Pedal regelmäßig und fetten Sie die beweglichen Teile mit dickem Schmiermittel. Die Einstellschraube für die Auslösehärte dieses beidseitigen Pedals befindet sich auf der hinteren Seite.

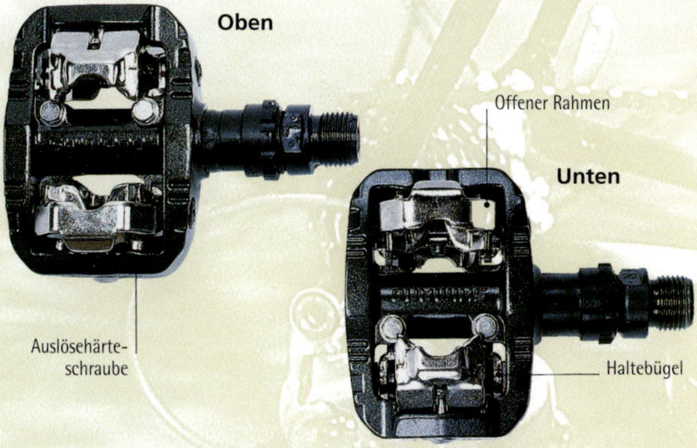

Crank Brothers Pedal
Hier handelt es sich um ein sehr offenes Design mit optimaler Selbstreinigung und wenigen beweglichen Teilen – der Haltemechanismus besteht lediglich aus einer Feder. Pedale regelmäßig reinigen und die Lager gelegentlich mit einer Fettspritze und dem dafür beigelegten Adapter fetten.

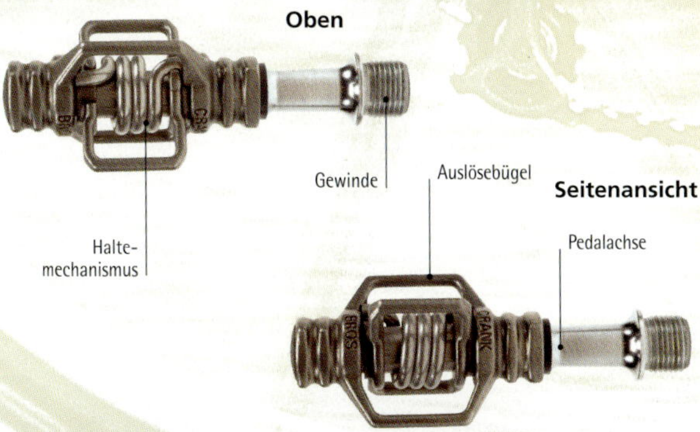

Pedalcleats

Klickpedale halten den Fuß fest auf dem Pedal, daher müssen die Cleats auf den Schuhsohlen korrekt eingestellt sein. Die richtige Position ermöglicht die optimale Kraftübertragung der Beine auf die Pedale.

Haben Sie die Cleats festgeschraubt, kann es vorkommen, dass Ihre Füße eine andere angenehmere Position einnehmen wollen, während Sie treten. Ändern Sie den Winkel der Cleats entsprechend. Verändern Sie nicht die Längsposition des Cleats, denn die hier gezeigte Position ist die effektivste für die Kraftübertragung aufs Pedal.

Die Fotos in dieser Anleitung zeigen ein MTB-Pedal *(S. 82-83)*, für Straßenpedale gelten die gleichen Richtlinien.

Position am Rad

Teile eines Pedalcleats

Werkzeug

- Weißer Markierstift • Silikon
- Inbusschlüssel • Schraubendreher

Cleat einsetzen

1 **Ziehen Sie Ihre Radschuhe an** und markieren Sie die breiteste Stelle auf der Sohlenaußenseite. Dieser Punkt befindet sich normalerweise kurz hinter dem kleinen Zeh auf dem Fußballen. Beim Befestigen des Cleats sollte dieser Bereich des Fußes genau über der Pedalachse stehen, wenn Sie im Sattel sitzen und fahren.

4 **Ziehen Sie Ihre Bikeschuhe** an, setzen sich aufs Rad und klicken die Schuhe ein.

- Bitten Sie jemand, von der Seite zu überprüfen, ob die angebrachte Markierung über der Pedalachse sitzt.
- Unternehmen Sie eine Probefahrt und überprüfen Sie, ob Ihre Füße sich auf dem Pedal nach innen oder außen verdrehen wollen.

2 **Ziehen Sie den Schuh aus** und verlängern Sie die angebrachte Markierung zu einer Linie quer über die Schuhsohle, von außen nach innen. Diese Linie sollte im rechten Winkel zur ersten Markierung gezogen werden und auch auf einer rechtwinkligen Linie auf der Innenseite des Schuhs enden.

3 **Setzen Sie das Cleat** so in die Sohle, dass die Markierungslinie genau durch die Mitte verläuft. Manche Cleats sind markiert, um die Positionierung zu erleichtern.

- Achten Sie darauf, dass die horizontale Achse des Cleats genau parallel zur markierten Linie verläuft.
- Schrauben Sie das Cleat mit den mitgelieferten Schrauben fest.

5 **Passen Sie die Position** der Cleats an die Position Ihrer Füße an, die sie bei der Probefahrt einnehmen wollten, aber lassen Sie das Cleatzentrum auf der markierten Linie.

- Markieren Sie die Umrisse des Cleats auf der Schuhsohle, sodass Sie es wieder ausrichten können.
- Schrauben Sie das Cleat ab. Geben Sie Trennpaste auf das Gewinde, schrauben Sie die Cleats wieder in der markierten Position ein. Schrauben anziehen.

6 **Versiegeln Sie die Schraubenköpfe** der Cleats an Mountainbikeschuhen. Diese Inbusschrauben füllen sich gerne mit Schmutz und verlieren ihre Form, sodass sie schwierig zu ersetzen sind, falls die Cleats abgenutzt sind. Verhindern Sie dies, indem Sie die Schrauben mit Silikon füllen, das man im Baumarkt erhält.

4

Lenkung und Laufräder

Die Lenkung erlaubt die Steuerung und Kontrolle über das Rad. Überprüfen Sie regelmäßig den Steuersatz, den Lenker, die Laufräder und die Naben, damit Sie sich jederzeit auf deren Funktion verlassen können.

Steuersatz

Über den Steuersatz kann man ein Rad lenken. Der Steuersatz muss gut eingestellt sein, damit man weich und sicher lenken kann und damit er lange hält. Die Lager und ihre Oberflächen benötigen regelmäßige Wartung und Schmierung. Ausgeschlagene Teile müssen sofort ersetzt werden.

So funktioniert's

Die Hauptfunktion des Steuersatzes besteht darin, dass der Fahrer jederzeit die Richtung des Vorderrads ändern kann. Es gibt zwei Arten von Steuersätzen, mit Gewinde und gewindelos (Ahead). Beide halten die Gabel im Steuerrohr fest, während sich die Gabel frei drehen kann.

Die Steuersätze rotieren auf Lagern, die von Lagerschalen an ihren Positionen gehalten werden, über und unter dem Steuerrohr. Damit sich die Gabel frei bewegen kann, drücken diese Schalen gerade so fest auf die Lager, dass kein Spiel zwischen der Gabel und dem Steuerrohrbereich entstehen kann. Wie man diesen Druck einstellt, wird bei Steuersätzen mit Gewinde und gewindelosen unterschiedlich erzielt.

Aufbau des gewindelosen Steuersatzes

Die Vorbaukappe oben auf dem gewindelosen Steuersatz wird in einer Kralle darunter festgeschraubt. Manche Typen von den auch Aheadset genannten arbeiten mit einem Keil statt einer Kralle. Dreht man die Schraube mit einem Inbus hinein, werden Kappe und Distanzringe auf das Lager oberhalb des Steuerrohrs gedrückt und das Steuerrohr nach oben gezogen. Die untere Lagerschale sitzt auf dem Lager, das sich direkt oberhalb der Gabelkrone befindet. Dadurch wird genügend Druck auf beide Lager ausgeübt, die Gabel frei, aber ohne Spiel drehen zu lassen.

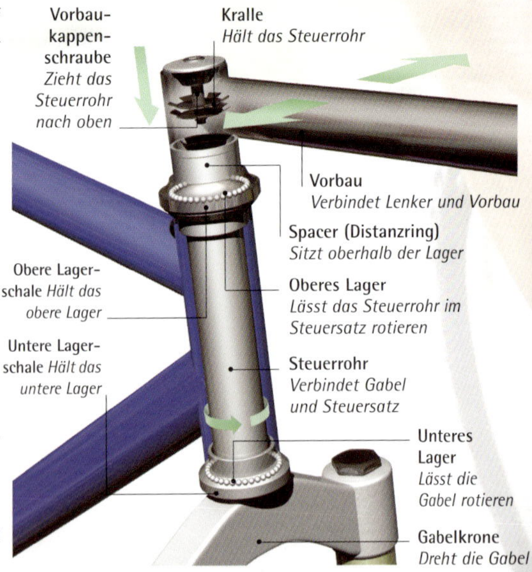

Aufbau des Gewindesteuersatzes

Dreht man die obere Steuersatzmutter hinein, erhöht man den Druck auf das obere Lager, so dass sich die Gabel noch frei, aber ohne Spiel dreht. Die Mutter und damit die Gabel wird mit einem Konterring gesichert, der ebenfalls auf dem Gewinde des Steuerrohrs sitzt. Der Vorbau wird im Steuerrohr durch einen Klemmkeil fixiert, den man mit der Vorbauschraube auseinander treibt und damit im Steuerrohr verklemmt.

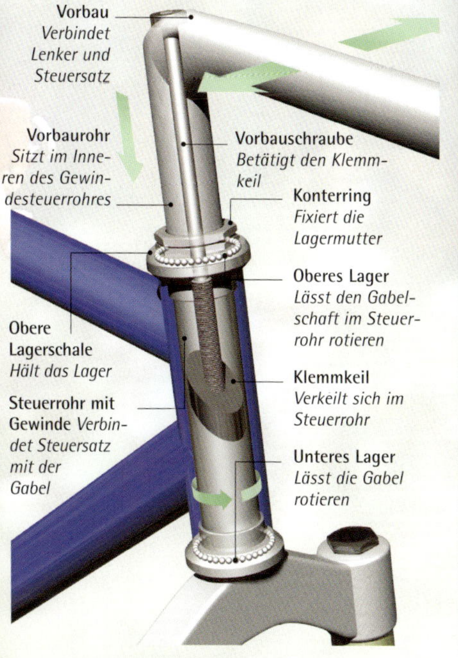

Effektive Lenkung
Der Steuersatz sorgt für eine effektive und sichere Lenkung. Der Lenker ist über den Vorbau mit dem Gabelschaft verbunden und dreht somit Gabel und das Vorderrad.

Ahead-Steuersatz

Um herauszufinden, ob Ihr Rad mit einem Gewinde- oder einem Ahead-Steuersatz ausgestattet ist, betrachten Sie den Vorbau. Befinden sich seitlich Schrauben an der Stelle des Vorbaus, die auf dem Gabelschaft befestigt ist, handelt es sich um einen Ahead-Steuersatz.

An modernen Rädern können sich unterschiedliche Ahead-Steuersätze befinden. Es gibt Steuersätze mit oberen und unteren Lagerschalen und Modelle, bei denen die Lagerschalen im Steuerrohr integriert sind, wie beim gezeigten Modell. Alle Typen arbeiten aber nach dem gleichen Prinzip und werden auch nach dem gleichen Schema demontiert.

Gelegentlich sollte man den Steuersatz auseinander nehmen, um ihn auf Abnutzung zu untersuchen und um die Lager zu reinigen und zu schmieren. Falls die Oberflächen der Lager oder Schalen ausgeschlagen sind, müssen Sie den gesamten Steuersatz ersetzen. Dafür braucht man Spezialwerkzeug, die Arbeit sollte den Experten im Radladen überlassen werden.

Position am Rad

Teile des Ahead-Steuersatzes

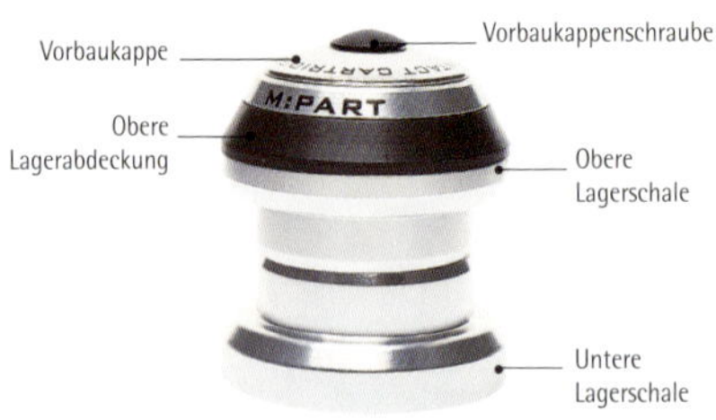

Werkzeug

- Inbus-Multitool
- Entfetter
- Fett

Einstellen und Reinigen des Ahead-Steuersatzes

1 **Entfernen Sie die Vorbaukappenschraube** mit einem Inbusschlüssel. Diese Schraube stellt den Steuersatz ein, um Spiel zu verhindern, hält aber nicht den Vorbau fest.

4 **Ziehen Sie die Gabel** nach unten heraus. Nehmen Sie die Spacer und die oberen Lager bzw. die obere Abdeckung ab, je nach Typ des Steuersatzes.

- Reinigen, entfetten und inspizieren Sie das untere Lager. Ist es in Ordnung, fetten Sie es ein.
- Führungshülse aus dem Steuerrohr nehmen. Lager, Lageroberfläche (des integrierten Lagers) und Abdeckung reinigen. Auf Abnutzung untersuchen, frisches Fett aufbringen und Steuersatz wieder montieren.

2 **Öffnen Sie die Schrauben** seitlich am Vorbau, nachdem Sie die Vorbaukappenschraube entfernt haben. Lenker und Vorbau sind nun frei. Die seitlichen Vorbauschrauben fixieren den Vorbau auf dem Gabelschaft.

3 **Nehmen Sie den Lenker** und ziehen den Vorbau vom Gabelschaft ab. Sie können den Lenker an den Schalt- und Bremskabeln hängen lassen.

5 **Stecken Sie die Gabel** wieder ins Steuerrohr. Stecken Sie die Führungshülse, Abdeckkappe und die Spacer wieder auf.

- Setzen Sie Vorbau und Lenker wieder auf den Gabelschaft.
- Stellen Sie den Steuersatz ein, indem Sie die Vorbaukappenschraube anziehen, bis sich der Lenker noch leicht drehen lässt, aber kein Spiel mehr im Steuersatz festzustellen ist. Fixieren Sie den Vorbau, indem Sie die seitlichen Schrauben anziehen.
- Ziehen Sie die Vorderbremse und schieben Sie das Rad vorwärts, um zu überprüfen, ob der Steuersatz locker ist.

Gewinde-Steuersatz

Ältere Räder und Kinderräder sind mit Gewinde-Steuersätzen ausgestattet. Mit diesem Steuersatztyp kann man den Vorbau leicht nach oben oder unten schieben und damit die Höhe des Lenkers verstellen, um die Sitzposition anzupassen.

Die obere Lagerschale des Steuersatzes und die Kontermutter sind auf das Steuerrohr aufgeschraubt. Der Vorbau besitzt einen Schaft, der genau ins Steuerrohr passt. Aus Sicherheitsgründen sollte man den Vorbau nie höher als die Markierung herausziehen.

An noch älteren Steuersätzen wird die obere Lagerschale direkt aufgeschraubt. Seine verzahnte Kante wird mit einem Ring fixiert und greift in einen ebenso verzahnten Konterring. Öffnet man den Ring, kann man die Oberschale abschrauben.

Denken Sie daran, die Bremsen auszuhängen, bevor Sie am Steuersatz arbeiten und vor allem, sie wieder einzuhängen, wenn Sie die Arbeit beendet haben. Bevor Sie den Vorbau wieder in das Steuerrohr stecken, sollten Sie ihn gut einfetten *(S. 30-31)*.

Position am Rad

Teile des Gewinde-Steuersatzes

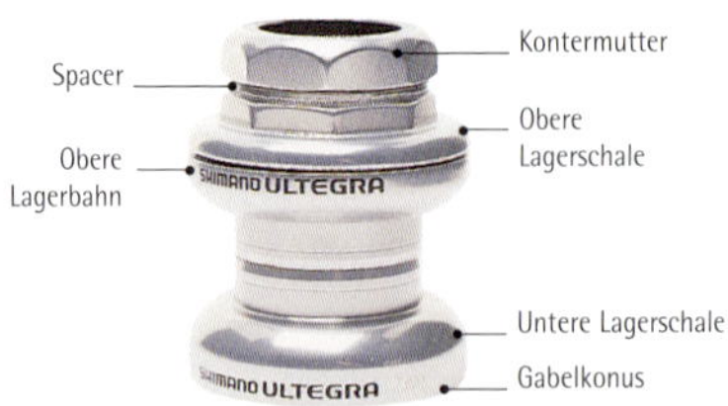

Werkzeug

• 6-mm-Inbus • Fett • Entfetter • 30-mm- und 32-mm-Steuersatzschlüssel • Karosseriehammer

Wartung des Gewinde-Steuersatzes

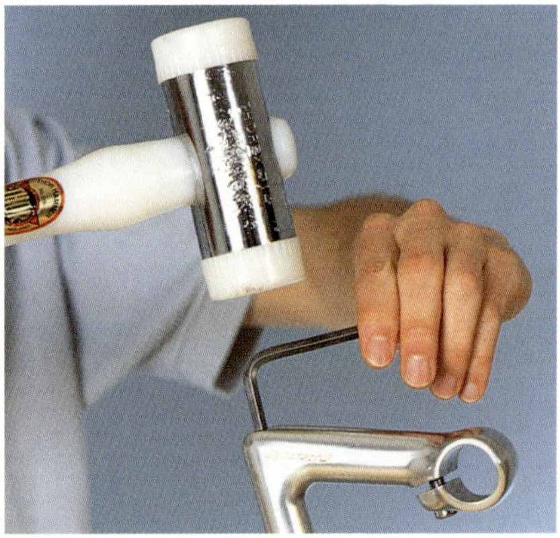

1 **Lösen Sie die Inbusschraube** in der Mitte des Vorbaus und lockern Sie den Klemmkeil, indem Sie mit dem Karosseriehammer darauf klopfen. Der Vorbau wird mit einer langen Schraube, die einen Klemmkeil trägt, im Gabelschaft befestigt. Dieser verkeilt sich, wenn man die Schraube anzieht.

- Ziehen Sie den Vorbau aus dem Gabelschaft.

4 **Entfetten Sie alle Oberflächen** der oberen und unteren Lager und deren Schalen. Man erreicht das obere Lager, indem man die Gabel nach oben drückt und sie festhält.

- Untersuchen Sie die Oberflächen der Lager. Falls sie beschädigt sind, muss man einen neuen Steuersatz einbauen – dies überlässt man am besten einem guten Radladen.

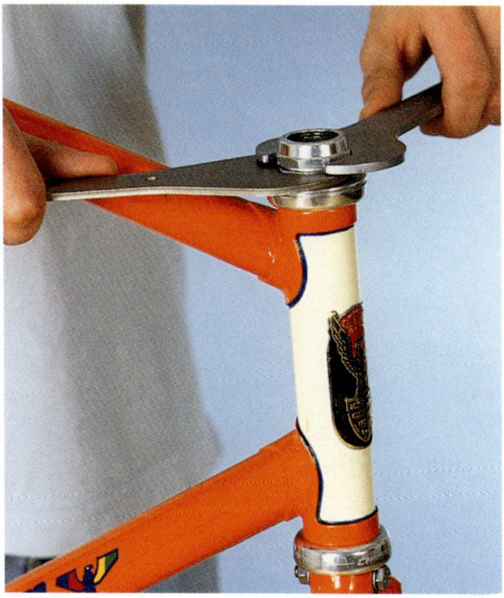

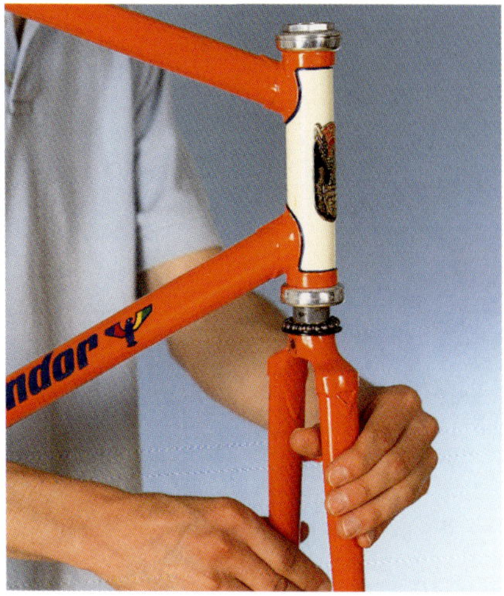

2 **Öffnen Sie die Kontermutter,** während Sie die obere Lagerschale noch festhalten.

- Breiten Sie Zeitungspapier auf dem Boden aus, um eventuell herausfallende Lagerteile aufzufangen.
- Entfernen Sie die Spacer und schrauben dann die obere Lagerschale vom Gabelschaft.

3 **Ziehen Sie die Gabel nach unten,** um das untere Steuersatzlager frei zu legen. Dies geschieht, wenn Sie die obere Lagerschale herausschrauben. Obwohl die meisten Steuersätze Kugellager haben, bei denen die Kugeln in Ringen sitzen, sollten Sie auf lockere Teile achten, die aus dem unteren Lager herausfallen können. Manche Steuersätze besitzen Nadellager – diese kann man wie die hier beschriebenen Kugellager behandeln.

5 **Fetten Sie** sowohl das obere wie das untere Lager. Bei offenen Lagern drückt man reichlich Fett auf die Schalen.

- Schrauben Sie die obere Lagerschale komplett ab, um das Lager auszubauen. Drücken Sie die Kugeln einzeln in die Fettpackung und schrauben die obere Lagerschale wieder auf. Bei Kugellagern mit Ringen kann man sie direkt an ihrem Sitz fetten, wenn sie nicht ausgeschlagen sind.

6 **Schrauben Sie die obere Lagerschale** auf. Spacer und die Kontermutter aufsetzen.

- Schale so einstellen, dass die Lenkung frei läuft.
- Rütteln Sie an der Gabel, um festzustellen, ob im Steuersatz noch Spiel nach vorne ist.
- Halten Sie die Lagerschale mit dem Schlüssel fest, und schrauben Sie die Kontermutter auf.
- Vorbau und Lenker wieder einsetzen.

Lenker

Die meisten modernen Räder sind mit einem geraden oder einem Rennlenker ausgestattet. Als Fahrer muss man seinem Lenker absolut vertrauen. Daher muss man aus Sicherheitsgründen einen Lenker sofort austauschen, sollten Kratzer, Risse oder Sprünge auf der Oberfläche auftauchen.

Gerader Lenker

Besitzer von Rennrädern wollen zuweilen den Lenker wechseln – sei es um ihn ihrer Anatomie besser anzupassen oder die Sitzposition zu verändern. Andere wollen einen Rennlenker durch einen geraden oder flachen Lenker ersetzen. Wieder andere wollen vielleicht ihren flachen Lenker mit einem hochgezogenen Modell tauschen oder umgekehrt. Hochgezogene Lenker (Riserbars) verlaufen in der Mitte flach, die Lenkerenden gehen nach oben und werden im Griffbereich wieder flach.
Man montiert sie genau so wie flache Lenker.

Die hier beschriebenen Schritte gelten für alle flachen Lenker, egal, warum man sie tauscht. Ersetzt man jedoch einen Rennlenker durch einen geraden oder hochgezogenen Lenker, muss man auch die Bremshebel gegen andere austauschen, die an geraden Lenkern funktionieren. Einige der Schritte helfen auch bei der Montage neuer Griffe, Schalthebel oder Hörnchen am Lenker.

Teile eines geraden Lenkers

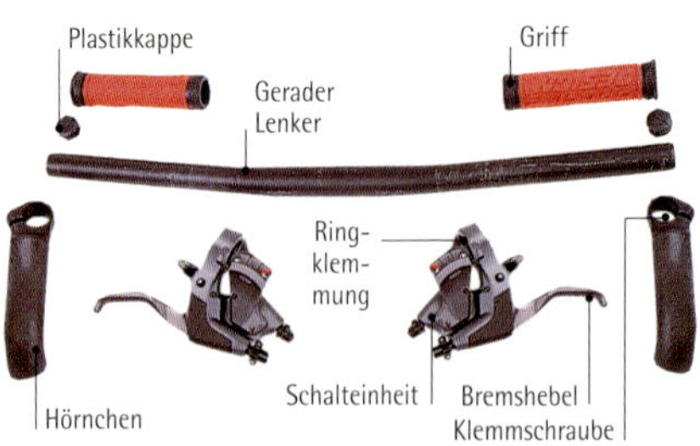

Werkzeug

- Halbrund-Feile • Sandpapier • Lineal
- Inbus-Multitool • Haarspray

Position am Rad

Geraden Lenker montieren

1 **Entfernen Sie Metallreste** in der Klemmung mit einer mittelrauen Halbrund-Feile (*kl. Foto*). Glätten Sie den Bereich mit Sandpapier.

- Setzen Sie den geraden Lenker in die Vorbauklemmung und drehen die Vorbauschrauben hinein. Überprüfen Sie den zentrierten Sitz des Lenkers, bevor Sie diese anziehen. Beim hochgezogenen Lenker müssen Sie die Position wählen, bevor Sie die Schrauben anziehen.

2 **Schrauben Sie die Ringklemmung** des Bremshebels an den Lenker. Wie Rennbremshebel haben auch Mountainbikehebel eine Ringklemmung, die über den Lenker passt. Manche Hebel besitzen integrierte Schalthebel, sodass man nur eine Schraube festzuziehen braucht. Manche sind separiert und somit getrennt festzuschrauben.

3 **Sprühen Sie Haarspray** in die Lenkergriffe, damit diese leichter auf den Lenker rutschen. Trocknet das Spray, sitzen die Griffe fest auf dem Lenker.

4 **Schieben Sie die Griffe** auf den Lenker, solange das Haarspray noch feucht ist.

- Schieben Sie die Griffe noch weiter nach innen, wenn Sie Hörnchen montieren möchten, um außen genügend Platz zu lassen.
- Montieren Sie Griffhalteringe, damit sich die Griffe beim Fahren nicht verdrehen.

5 **Montieren Sie die Hörnchen.** Richten Sie diese zunächst parallel zur Neigung Ihres Vorbaus aus, nach Probefahrten können Sie die Hörnchen dann entsprechend Ihrer Sitzposition neu justieren.

- Stecken Sie eine Plastikkappe auf beiden Seiten in den Lenker, um bei Stürzen Verletzungen zu vermeiden.

Rennlenker

Radfahrer, die viel auf der Straße unterwegs sind, montieren gerne einen Rennlenker. Damit können Sie eine tiefere und damit aerodynamischere Position einnehmen als mit einem geraden Lenker, mit dem man aufrechter sitzt. Der Lenker sollte jedoch nie so tief eingestellt sein, dass die Atmung des Radfahrers eingeschränkt wird, falls er sich nach vorne legt und an den unteren Positionen greift.

Ein Rennlenker muss sofort ausgetauscht werden, falls Risse auftauchen. Die Schritte dieses Kapitels zeigen, wie man einen Rennlenker ersetzt und wie man Bremshebel anschraubt bzw. einstellt. Fahrer mit großen Händen und langen Armen montieren die Bremshebel gerne etwas tiefer, als in der hier gezeigten Idealposition.

Tauschen Sie regelmäßig das Lenkerband aus, wie in den Schritten 5 und 6 gezeigt. Stecken Sie nach dem Wickeln eine Endkappe in den Lenker, um zu verhindern, dass Sie sich bei einem Sturz am Lenkerrohr verletzen.

Position am Rad

Teile des Rennlenkers

Werkzeug

- Halbrund-Feile
- Sandpapier
- Inbus-Multitool

Montage des Rennlenkers

1 **Entfernen Sie** mit einer Halbrund-Feile alle überstehenden Reste im Klemmbereich des Vorbaus, wo der Lenker sitzt. Kanten und Grate können den Lenker beschädigen und schließlich sogar zu einem Bruch führen.

- Glätten Sie bearbeitete Flächen mit Sandpapier.

4 **Befestigen Sie die Hebel** einer Campagnolo-Brems-Schalteinheit am Lenker, indem Sie eine Schraube an der Außenseite des Gehäuses mit einem Inbus einschrauben. Ziehen Sie die Gummihülle nach vorne, um an die Schraube zu gelangen. Bei Shimano-Hebeln sitzt diese Schraube weiter außen und unten, sodass Sie den Inbus in eine Vertiefung unter der Gummihülle stecken müssen.

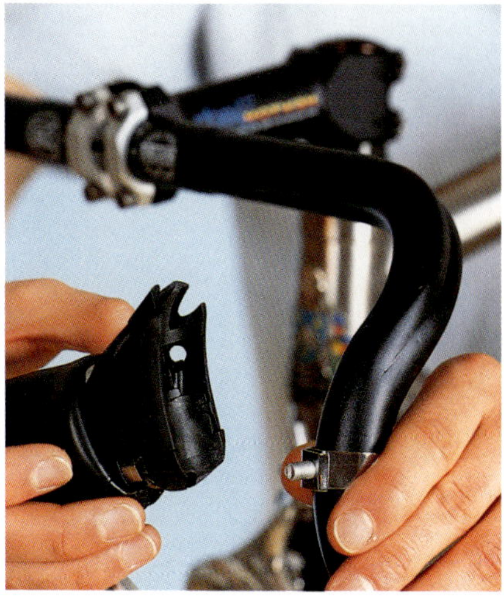

2 **Setzen Sie den neuen Lenker** ein und ziehen Sie die Klemmschrauben an. Bevor Sie die Schrauben komplett festziehen, richten Sie den Lenker so aus, dass der untere seitliche Teil parallel zum Boden steht.

3 **Führen Sie die Stahlschelle,** auf dem die Hebel sitzen, über den Lenker. Diese Schelle hält die Bremshebel am Lenker.

- Stecken Sie die Schraube im Bremshebelgehäuse auf den Bolzen der Schelle und schrauben Sie diese ein.

5 **Beginnen Sie** mit dem Lenkerband am unteren Ende des Lenkers.

- Wickeln Sie von unten nach oben und überdecken Sie jede neue Windung mit der halben Breite des Bandes.
- Halten Sie das Lenkerband beim Wickeln immer straff.

6 **Stülpen Sie die Gummihüllen** der Hebel nach vorne und legen Sie ein kurzes Stück Lenkerband über die Befestigungsschellen.

- Das Lenkerband wird in einem Stück vom Ende des Lenkers bis nach oben gewickelt. Sind Sie neben der Vorbauklemmung angelangt, sichern Sie das Band mit Isolierband.

Naben

Es gibt zwei unterschiedliche Nabentypen: offen gelagerte und Naben mit Industrielagern. Die Konen und Lager von offenen Naben müssen eingestellt werden, damit die Nabe frei und mit geringem Spiel rotieren kann. Die Lager in beiden Nabentypen müssen regelmäßig inspiziert und gewartet werden.

So funktioniert's

Die Nabe ermöglicht die Rotation des Laufrads. Schnellspannhebel oder Muttern sichern die Achse im Rahmen. Die Achse bleibt unbeweglich, während sich der Nabenkörper auf den Lagern darum dreht. Die Speichen verbinden den Nabenflansch mit der Felge des Laufrads – dreht sich die Nabe, dreht sich die Felge.

Der Antrieb überträgt die Kraft des Fahrers von den Pedalen auf das Hinterrad, während das Vorderrad eigentlich nur durch die Drehung des Hinterrads vorwärts geschoben wird. Die unterschiedlichen Gänge eines Rads sitzen auf der hinteren Nabe, entweder in Form einer Nabenschaltung oder durch mehrere Ritzel im Fall einer Kettenschaltung.

Der Freilauf-Mechanismus befindet sich ebenfalls auf der Hinterradnabe und ermöglicht den Stillstand der Kurbeln, während sich das Hinterrad weiter dreht – zum Beispiel wenn man bergab rollt. Dieser Mechanismus ist Teil der Nabe, sowohl bei Naben- als auch bei Kettenschaltungen.

Minimale Reibung
Gut laufende Naben sind ein wichtiger Teil eines gut funktionierenden Rads. Ihre Lager dürfen so wenig Reibung wie möglich erzeugen, um das Fortkommen nicht zu bremsen.

Teile der Industrielager-Nabe

Die Achse einer Nabe mit Industrielagern besitzt kein Gewinde. Die Lager werden jeweils vom Achsende her aufgedrückt und mit einer Abdichtung versehen. Baut man die Nabe zusammen, sitzen die Lager im Nabenkörper, an der Außenseite des Nabenflansches. Die Achse läuft hindurch. Sicherungsringe sorgen für den festen Sitz.

Offene Vorderradnabe
Das Laufrad dreht sich leicht.

Teile der offenen Nabe

Der Körper einer offen gelagerten Nabe dreht sich auf Kugellagern, die am Rand in dem Nabenkörper sitzen. Die Kugellager werden jeweils von einem Konus (nicht sichtbar) an ihrer Stelle fixiert, der auf das Gewinde am Ende der Achse aufgeschraubt ist. Eine Kontermutter (nicht sichtbar) auf dem gleichen Gewinde sichert den Konus. Wird die Nabe von einem Schnellspannhebel gehalten, ist die Achse hohl, damit die Schnellspannachse hindurchgeführt werden kann.

Achse *Bewegt sich nicht wenn das Rad rotiert*

Nabenkörper *Dreht sich um die Achse*

Kugellager *Tragen den Nabenkörper*

Schnellspannhebel *Fixiert die Achse*

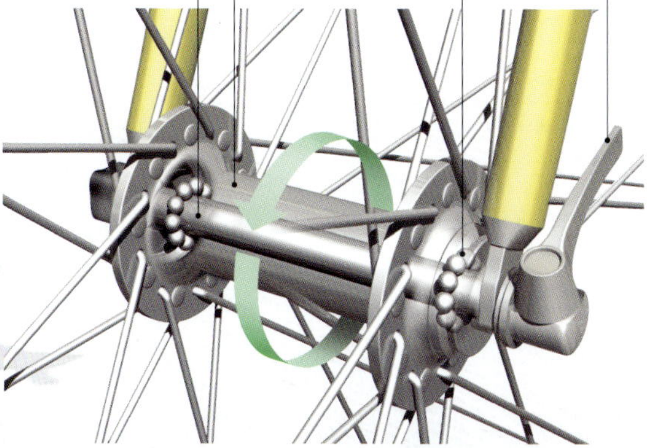

Offen gelagerte Nabe

Naben gibt es in zwei Ausführungen – offen oder als geschlossene Lager. Die offenen benötigen erheblich mehr Wartung als jene mit geschlossenen Industrielagern *(S. 102-103)*, da ihre Kugellager regelmäßige Inspektionen, Reinigung und Fettpackungen brauchen. Daher benötigt man die Arbeiten, um eine Nabe zu demontieren und zu warten, immer wieder.

Die hier beschriebenen Schritte helfen Ihnen, eine Achse und einen Freilauf auszubauen, ebenso wie die Kugellager zu fetten und einzustellen. Dies funktioniert bei Vorder- und Hinterradnaben von Shimano und bei Vorderradnaben von Campagnolo. Überlassen Sie die Wartungsarbeiten an einer Campagnolo-Hinterradnabe den Experten im Radladen, da sie spezielles Werkzeug erfordern.

Bevor man die hier gezeigten Arbeiten beginnt, muss man die Kassette oder die einzelnen Ritzel abbauen, wie auf den Seiten 66-67 beschrieben.

Position am Rad

Teile der offen gelagerten Nabe

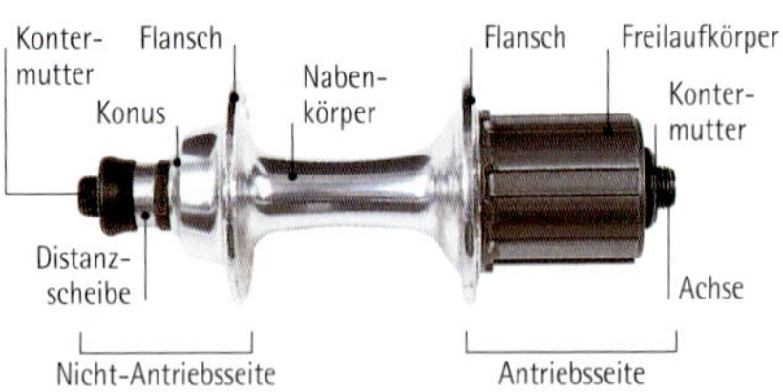

Werkzeug

- 15-mm- und 16-mm-Konusschlüssel (Shimano)
- 13-mm- und 14-mm-Konusschlüssel (Campagnolo)
- Fett • Fettspritze (optional)
- Inbus-Multitool • Franzose
- 8-mm- oder 10-mm-Inbus

Wartung der offen gelagerten Nabe

1 **Öffnen Sie die Kontermutter** auf der Antriebsseite mit einem Maulschlüssel, während Sie den Konus auf der anderen Seite mit einem Konusschlüssel halten. Manche Kontermuttern öffnet man mit einem Maulschlüssel, andere mit einem Inbus.

- Halten Sie den Konus auf der Nicht-Antriebsseite und schrauben Sie den Konus auf der Antriebsseite mit einem Konusschlüssel heraus.

4 **Nehmen Sie auf beiden Seiten** die Kugellager heraus und reinigen sie mit Entfetter.

- Ersetzen Sie verkratzte oder eingedellte Kugellager.
- Tragen Sie reichlich Fett auf alle Flächen, in denen die Kugellager sitzen.
- Setzen Sie die Kugellager wieder ein, und drücken Sie die Lager gut in die Fettpackung ein.

2 **Ziehen Sie die Achse** auf der Nicht-Antriebsseite heraus. Achten Sie darauf, dabei keine Kugeln des Lagers zu verlieren.

- Reinigen Sie die Konen und die Achse und untersuchen Sie beide auf Beschädigungen. Überprüfen Sie, ob die Achse verbogen ist, indem Sie sie auf einer flachen Oberfläche hin und her rollen. Ersetzen Sie kaputte Konen oder verbogene Achsen sofort.

3 **Setzen Sie einen Inbusschlüssel** in die 8-mm- oder 10-mm-Schraube im Inneren des Freilaufs. Diese Schraube hält den Freilaufkörper auf der Achse.

- Drehen Sie den Inbus gegen den Uhrzeigersinn, um die Schraube zu öffnen. Benutzen Sie am besten einen längeren Inbus, da der Kraftaufwand erheblich ist.

5 **Montieren Sie die neuen** oder gereinigten alten Nabenteile wieder: Schritt 3 in umgekehrter Reihenfolge.

- Setzen Sie die Achse von der Nicht-Antriebsseite ein.
- Schrauben Sie den Konus der Antriebsseite bis zum Lager auf und überprüfen, ob die Achse frei und spielfrei läuft.
- Fixieren Sie den Konus mit dem Konterring.
- Überprüfen Sie mit den Konusschlüsseln, ob der Konus der Nicht-Antriebsseite fest an seiner Kontermutter sitzt.

Industrielager-Nabe

Naben mit Industrielagern besitzen viele Vorteile, wie sie auch bei Patronentretlagern zu finden sind. Beispielsweise halten sie Wasser und Schmutz fern und verlängern somit die Lebensdauer. Im Gegensatz zum Innenlager kann man bei der Nabe die Lager jedoch auswechseln, wenn sie abgenutzt sind. Der Austausch der Lager ist eigentlich einfach. Man benötigt aber Austreiber-Werkzeug, um das alte Lager aus- und das neue einbauen zu können.

Überprüfen Sie die Lager: Das Rad ausbauen, an der Achse halten und drehen. Spüren Sie dabei einen rauen Lauf, sind die Lager abgenutzt. Ein zu großes Spiel der Nabe auf der Achse ist ebenfalls ein Zeichen dafür.

Auf den Bildern ist nur die Nabe gezeigt, sie müssen natürlich mit dem kompletten Laufrad arbeiten. Mit den gleichen Arbeitsschritten kann man auch eine verbogene Achse austauschen. Dies kommt zwar selten vor, kann aber passieren, wenn man in ein Schlagloch kracht oder nach einer harten Landung.

Position am Rad

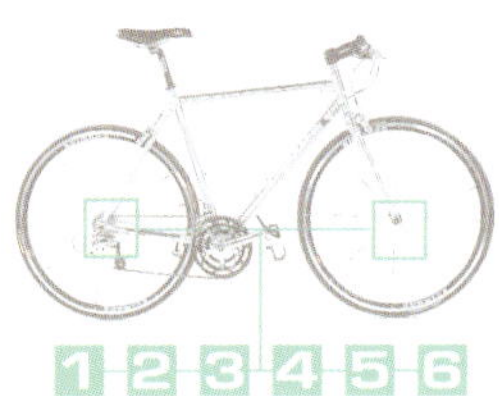

Teile der Industrielager-Nabe (vorne)

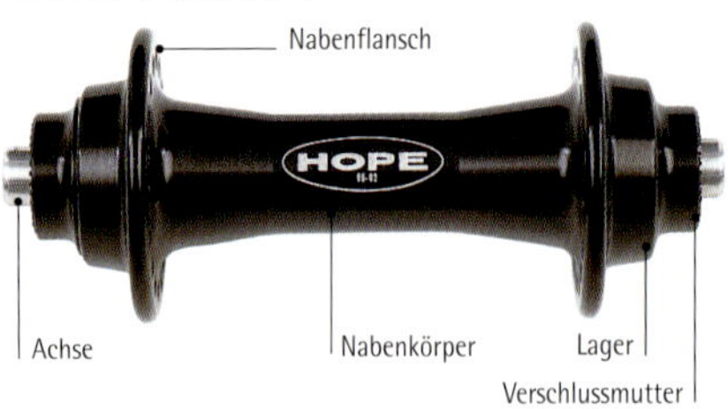

Werkzeug

• Karosseriehammer • Schraubstock • Austreiber (passend für Nabenmodell – beachten Sie die Gebrauchsanleitung • Inbus-Multitool (optional)

Wartung einer Nabe mit Industrielagern

1 **Entfernen Sie die Dichtungen** auf beiden Seiten der Nabenachse. Manche Dichtungen werden von einem Verschlussring gehalten, der mit einer Madenschraube gesichert ist, manche muss man heraushebeln.

• Merken Sie sich die Anordnung aller Teile und die Einpassungen, da man sie genau so wieder zusammenbauen muss.

4 **Setzen Sie das neue Lager ein,** indem Sie es flach auf die Nabe legen und mit einem größeren Austreiber einklopfen.

• Gehen Sie dabei vorsichtig vor. Auch wenn man beim Ausklopfen der alten Lager zuweilen viel Kraft benötigt, sollte die Montage der neuen Lager mit geringem Kraftaufwand vonstatten gehen.

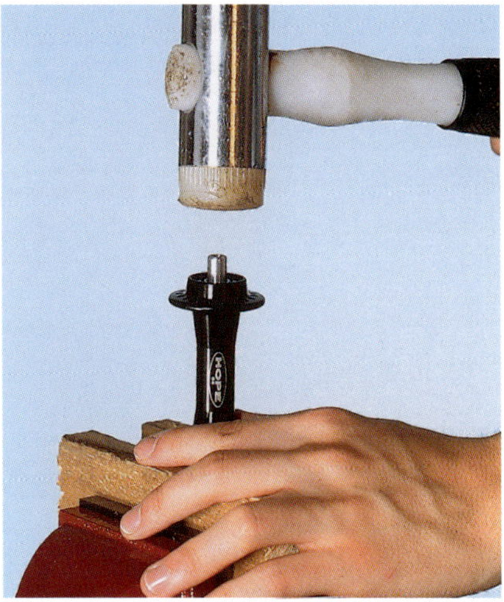

2 **Klemmen Sie die Nabe** im Schraubstock zwischen Holzblöcke. Der Flansch bleibt frei.

- Klopfen Sie die Achse mit einem Karosseriehammer nach unten. Gut zielen und kräftig klopfen, die Achse sitzt meistens ziemlich fest.
- Treiben Sie die Achse mit einem Austreiber aus dem oberen Lager. Ein Austreiber ist ein metallischer Zylinder, dessen Durchmesser dem Innendurchmesser des Industrielagers entsprechen muss.

3 **Entnehmen Sie die Achse** aus dem Nabenkörper. Ein Lager befindet sich noch auf der Achse.

- Legen Sie das Lager auf die Holzblöcke und klopfen die Achse heraus.
- Treiben Sie das andere Lager aus der Nabe, wie in Schritt 2 beschrieben. Tun Sie dies von der Innenseite des Lagers, indem Sie den Austreiber von der gleichen Seite ansetzen wie zuvor.

5 **Schieben Sie das zweite Lager** auf die Achse und setzen den Austreiber auf eine flache harte Oberfläche wie den Schraubstock. Benutzen Sie keinen Schraubstock, sollten Sie eine Metallplatte auf die Arbeitsoberfläche oder den Boden legen. Die Arbeitsfläche sollte stabil genug sein, die Schläge auszuhalten.

- Legen Sie das Lager auf den Austreiber und klopfen die Achse vollständig in das Lager.

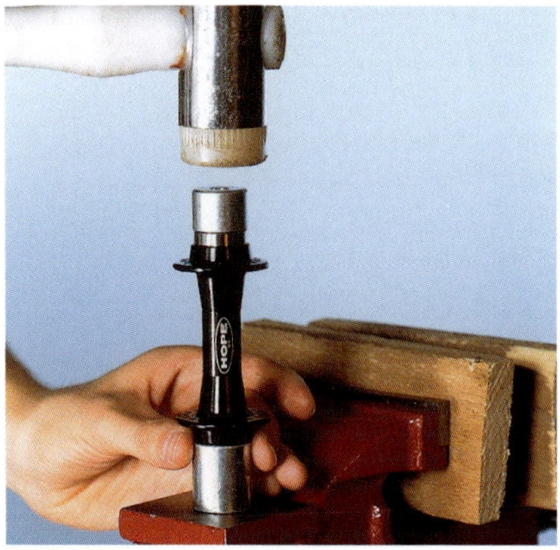

6 **Schieben Sie die Nabe** über die Achse. Achten Sie darauf, dass die Achse durch die Mitte des Lagers geführt wird, das bereits eingeklopft ist.

- Mit dem Austreiber die Nabe nach unten klopfen, sodass die Achse komplett durch rutscht.
- Ersetzen Sie die Dichtungen und Distanzringe. Fixieren Sie die Verschlussringe auf der Achse. Die Nuten der Dichtungen müssen wieder einschnappen, sonst funktionieren die Dichtungen nicht.

Laufräder

Schnellspannhebel erlauben den schnellen Ein- und Ausbau der Laufräder. Die Reifen stellen den Kontakt zum Untergrund her. Passen Sie die Reifenwahl an die vorherrschenden Bedingungen an, in denen Sie fahren, und tauschen Sie abgefahrene Pneus immer rechtzeitig.

Laufräder mit Schnellspannern

Ein Laufrad aus- und wieder einzubauen ist eine einfache Sache. Übersieht man jedoch einen Schritt, kann sich das Rad lösen und eine gefährliche Situation verursachen. Die Beschreibung bezieht sich auf Räder mit Schnellspannern, die sie im Ausfallende halten (die Schlitze in denen die Achsen sitzen). Für Räder mit Achsmuttern entspricht das Öffnen der Muttern mit Maulschlüsseln dem Öffnen der Hebel.

Die Hebel sind mit »locked« oder »closed« gekennzeichnet, was man sieht, wenn der Hebel geschlossen ist. »Open« oder »unlocked« sieht man, wenn der Hebel offen ist. Überprüfen Sie die Hebel vor der Fahrt, und auch während der Fahrt, sollten Sie Scheibenbremsen haben.

Will man das Laufrad ausbauen, muss man zuvor die Felgenbremse öffnen. An V-Brakes hängt man den Zughalter aus, an Cantis das Kabel am Bremsarm. Bei Rennradbremsen öffnet man den Schnellverschlusshebel.

Teile des Schnellspanners

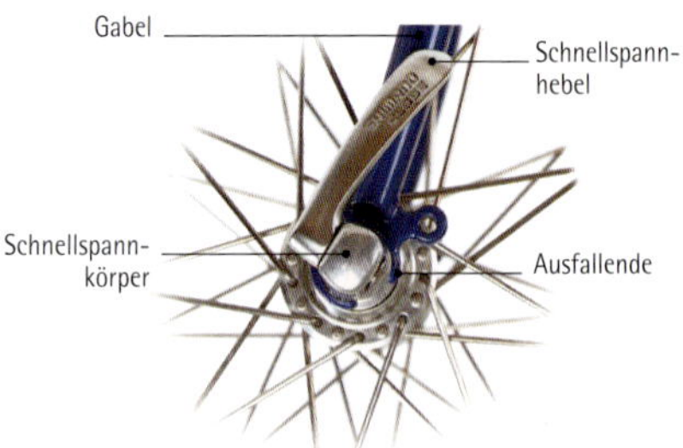

Werkzeug
- Maulschlüssel für Räder mit Achsmuttern

Position am Rad

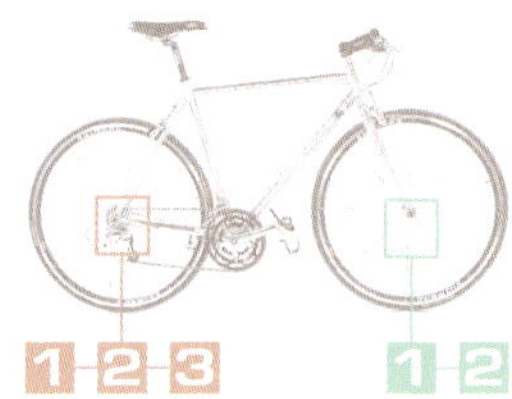

Ausbau des Hinterrads

1 **Öffnen Sie die Bremse,** schalten Sie auf das kleinste Ritzel und öffnen den Schnellspannhebel komplett. Manche Schnellspannhebel sind so gebogen, dass sie zum Rahmen zeigen, wenn Sie geschlossen sind. Das erleichtert die optische Überprüfung, falls nichts auf den Hebeln eingeprägt ist.

Ausbau des Vorderrads

1 **Bremse öffnen.** Den Schnellspannhebel auf die Offen-Stellung drücken. Besitzt die Gabel Sicherheits-Ausfallenden, fällt das Rad noch nicht heraus. Ein erhöhter Rand am Ausfallende sichert das Rad, falls sich unter der Fahrt der Schnellspannhebel versehentlich öffnet.

- Schrauben Sie per Hand die Mutter auf der gegenüberliegenden Seite des Hebels auf, bis das Laufrad frei wird.

2 **Heben Sie das Rad** hoch, sodass das Laufrad aus der Gabel fällt.

- Der Einbau erfolgt in umgekehrter Reihenfolge des ersten Schritts.
- Legen Sie den Schnellspannhebel beim Schließen hinter die linke Gabelscheide, damit sich nichts darin verfängt und ihn öffnet.
- Hängen Sie die Bremse nach dem Radeinbau wieder ein.

2 **Hängen Sie die Kette aus** und legen Sie sie auf den Kettenhalter auf der rechten Sitzstrebe (falls vorhanden).

- Ziehen Sie das Schaltwerk nach hinten und heben den Hinterbau des Rads hoch.
- Klopfen Sie kurz und hart mit der Handfläche von oben auf das Hinterrad, falls es nicht von selbst aus dem Rahmen fallen will.

3 **Legen Sie zum Einbau** die Achse in die Ausfallenden.

- Die Kette kommt auf das kleinste Ritzel. Drücken oder ziehen Sie dann das Laufrad nach hinten-oben.
- Halten Sie das Laufrad gerade, der Reifen befindet sich in der Mitte der Kettenstreben.
- Schnellspannhebel schließen, um das Laufrad zu sichern. Bremse wieder einhängen.

Platten flicken

Auf einer Tour im Gelände ist es viel einfacher, einen kaputten Schlauch zunächst zu ersetzen, als ihn mühsam zu flicken. Zu Hause kann man den Schlauch mit Kleber und Flicken reparieren. Trotzdem sollte man immer ein Flickset mitnehmen, denn mit Pech kann man einen zweiten Platten fahren und muss dann doch in freier Natur flicken.

Das Wichtigste ist, alles in Ruhe auszuführen und sich Zeit zu lassen. Der Kleber braucht Zeit zum Trocknen, und man muss in Ruhe die Innenseite des Reifens inspizieren. Setzt man den Schlauch mit Gefühl wieder ein, wird der Reifen die Luft auch halten. Vergisst man einen der Schritte oder klemmt den Schlauch bei der Montage ein, kassiert man gleich wieder einen Platten.

Position am Rad

Teile des Laufrads

Werkzeug

- Reifenheber • Farbstift • Sandpapier • Kreide
- Kleber • Flicken

Platten am Schlauch flicken

1 **Nehmen Sie das Laufrad heraus.** Klemmen Sie einen Reifenheber unter die Reifenflanke und hebeln sie über die Felge. Hängen Sie diesen Reifenheber an einer Speiche ein.

- Gehen Sie mit einem zweiten Hebel unter die Reifenflanke, nahe am ersten Hebel. Schieben Sie diesen Hebel entlang der Felge einmal rundherum, um den Reifen auf einer Seite aus der Felge zu heben.
- Ziehen Sie den Schlauch aus dem Reifen.

4 **Ziehen Sie den Reifen** von der Felge, drehen ihn um, und untersuchen Sie genau die Innenseite.

- Entfernen Sie alle Fremdkörper, die aus dem Mantel ragen, indem Sie diese von der Außenseite des Reifens herausziehen.

2 **Pumpen Sie Luft** in den Schlauch und hören Sie, wo die Luft entweicht. Markieren Sie das Loch und lassen die Luft wieder ab.

- Tragen Sie eine dünne Schicht Kleber auf und um das Loch (kl. Bild). Der Kleber muss trocknen.
- Ziehen Sie die Folie vom Flicken. Drücken Sie den Flicken fest eine Minute lang auf die Klebestelle. Die Ränder sollten flach anliegen.

3 **Verteilen Sie** mit einem kleinen Stück Sandpapier ein wenig Kreide über die Flickstelle, damit der überschüssige Kleber nicht am Mantel haftet.

- Der Schlauch sollte ein paar Minuten trocknen, um sicherzugehen, dass der Kleber nicht mehr haftet.

5 **Setzen Sie eine Seite des Mantels** wieder in die Felge ein. Pumpen Sie den Schlauch leicht auf. Stecken Sie das Ventil durchs Loch in der Felge und legen den Schlauch komplett in den Reifen.

- Drücken Sie nun die andere Seite des Mantels über den Felgenrand, indem Sie das Ventil etwas hochziehen. Drücken Sie dann den Reifen rundherum wieder ins Felgenbett.
- Überprüfen Sie, ob der Schlauch irgendwo zwischen Felge und Mantel eingeklemmt wurde, bevor Sie ihn komplett aufpumpen. Drücken Sie dazu den Reifen überall zusammen und sehen sich das Laufrad überall genau an.

Speichen und Felge

Die Schritte in diesem Kapitel zeigen, wie man eine gebrochene Speiche ersetzt und wie man ein Laufrad zentriert, also einen Schlag aus einer Felge entfernt. Mehrere Speichen auszutauschen, Speichen in speziellen Laufrädern zu wechseln, oder ein Laufrad zu zentrieren, das nach einem Unfall verzogen ist, sollte man den Fachleuten im Radladen überlassen.

Nachdem man eine Speiche ausgetauscht hat, muss man neu zentrieren, da das Laufrad nur durch den gemeinsamen Zug aller Speichen rund läuft. Reißt eine Speiche, fehlt deren Zug und die Felge eiert.

Zum Zentrieren braucht man einen Zentrierständer. Dieses Werkzeug hält das Laufrad sicher fest und seine Einstellhilfen ermöglichen eine genaue Beurteilung, wo und wie stark die Felge aus der Form ist. Um die Felge wieder gerade zu ziehen, muss die neue Speiche die gleiche Spannung wie die vorherige aufweisen.

Position am Rad

Teile der Speiche

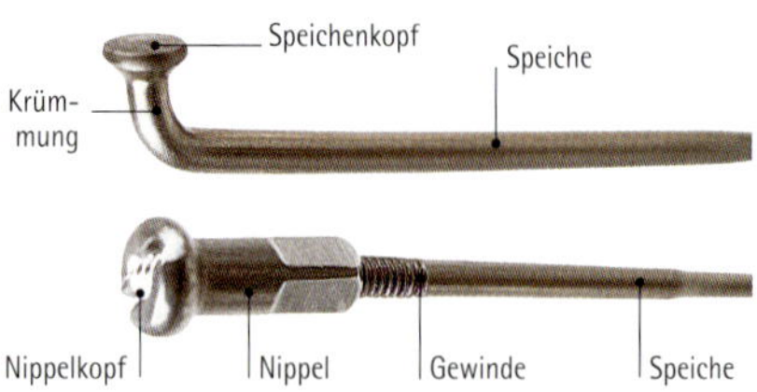

Werkzeug

- Speichenschlüssel
- Zentrierständer
- Spitzzange

Speiche ersetzen und Laufrad zentrieren

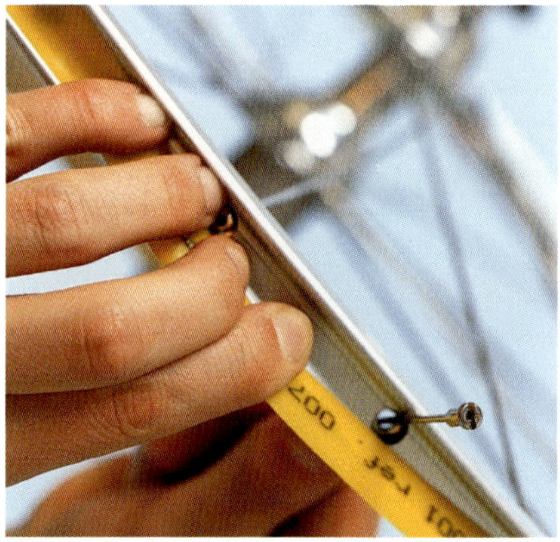

1 **Rad ausbauen** und Reifen und Schlauch demontieren.

- Heben Sie das Felgenband an der kaputten Speiche ab und ziehen Sie die gerissene Speiche aus der Felge. Messen Sie die Länge der Speiche, falls sie am Kopf gerissen ist, um eine gleich lange Ersatzspeiche kaufen zu können. Ist die Speiche in der Mitte gebrochen, legen sie die beiden Teile zur Messung aneinander.

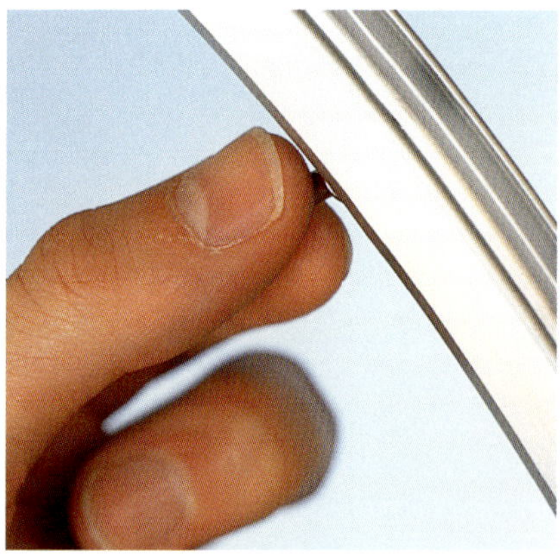

4 **Drehen Sie den Nippel weiter auf.** Für die ersten Drehungen können Sie dies mit der Hand machen.

- Überprüfen Sie nochmals, wie in Schritt 2 angegeben, ob die Speiche den gleichen Verlauf aufweist, wie die viertnächste Speiche. Ist dies nicht der Fall, kann das Laufrad beim Spannen wie in Schritt 5 und 6 beschädigt werden.

2 **Stecken Sie die neue Speiche** mit dem Gewinde zuerst durch den Nabenflansch, von der gegenüberliegenden Seite der beiden benachbarten Speichen.

- Die neue Speiche muss die anderen Speichen unten oder oben kreuzen. Nehmen Sie die viertnächste Speiche als Beispiel und verfahren nach dem gleichen Schema.

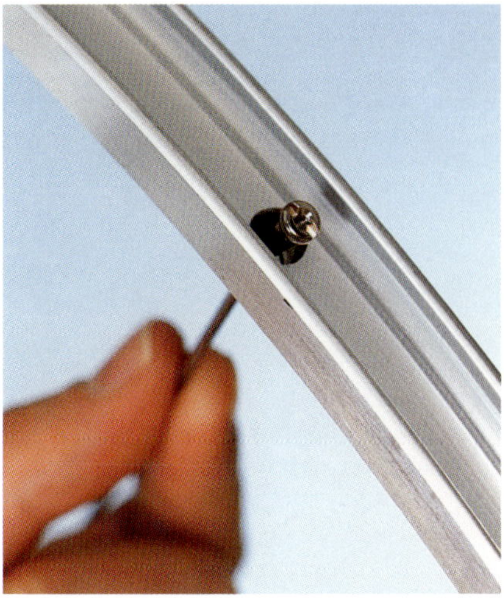

3 **Stecken Sie den Speichennippel** durch das Felgenloch und schrauben Sie ihn auf die Speiche auf.

- Um die Arbeit zu erleichtern, ziehen Sie am besten das Felgenband komplett ab.
- Überprüfen Sie das Felgenband.
Ist es beschädigt, ersetzen Sie es.

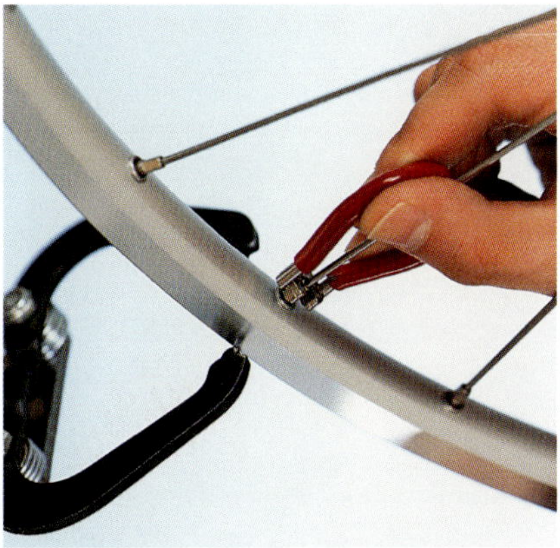

5 **Setzen Sie das Laufrad in den Zentrierständer** und spannen Sie die Speiche mit einem Speichenschlüssel. Der Speichenschlüssel muss genau auf den Speichennippel passen, es gibt unterschiedliche Nippelgrößen!

- Die Speiche sollte annähernd so stark gespannt werden wie die Speichen daneben.

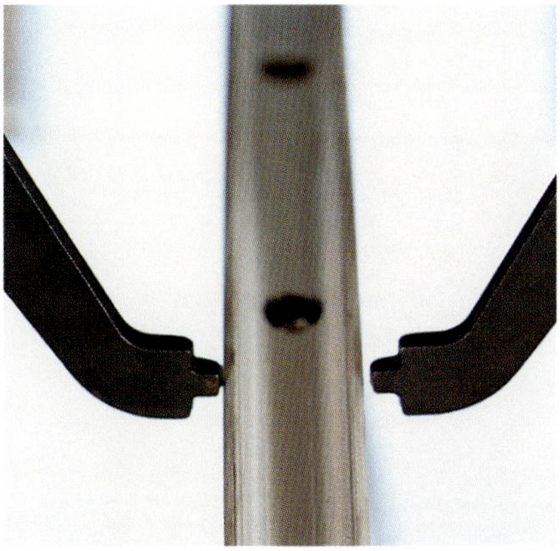

6 Arbeiten Sie ab jetzt nur noch mit halben oder Viertelumdrehungen des Speichenschlüssels beim Spannen.

- Drehen Sie das Rad, sodass die ersetzte Speiche zwischen den Einstellhilfen steht.
- Prüfen Sie den Abstand der Felge vom Einsteller, spannen dann die Speiche mit einer Viertelumdrehung und prüfen erneut. Dies tun Sie immer wieder, so lange, bis die Felge gerade ohne Achter läuft.

5

Bremsen einstellen

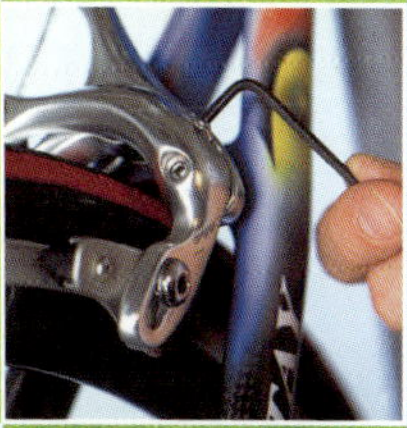

Funktionierende Bremsen sind am Fahrrad äußerst wichtig.
Das Bremssystem muss genau und mit Sorgfalt gewartet und eingestellt werden, um in allen Situationen sicher zu funktionieren.

Felgenbremsen

Felgenbremsen verzögern, indem Sie an den Felgen des Laufrads ansetzen. Die Bremsklötze müssen überprüft werden, um sicherzugehen, dass sie die Felge gleichzeitig und komplett berühren. Sind sie abgenutzt, muss man sie austauschen. Bremskabel regelmäßig inspizieren und schmieren.

So funktioniert's

Die drei häufigsten Felgenbremsen, V-Brakes, Cantilever und Rennradbremsen arbeiten prinzipiell identisch. Ein Hebel betätigt einen Zug, der die beiden Bremsarme gleichzeitig zueinander hin zieht. Dadurch werden die Bremsklötze auf die Bremsflächen der Felgenflanken gedrückt. Durch Federn wandern die Bremsarme wieder zurück, wenn der Hebel gelöst wird. Cantileverbremsen verteilen den Zug über ein Zugdreieck. Der Innenzug einer V-Brake und Rennradbremse bewegt einen Arm, während die Hülle als Gegenlager zu dieser Bewegung den anderen Bremsarm betätigt.

Sicheres Bremsen
Nur wenn Felgenbremsen gut eingestellt und sehr sorgfältig gewartet werden, arbeiten sie effektiv und sicher bei allen Bedingungen auf jedem Untergrund.

Aufbau der V-Brake

Der Kabelzug einer V-Brake ist mit der Klemmschraube am Bremsarm befestigt. Wird er gespannt, zieht er diesen Arm Richtung Felge. Gleichzeitig drückt die Kabelführung, eine Verlängerung der Außenhülle des Bowdenzugs, den anderen Arm nach innen. Die beiden Arme drehen sich auf den Bremsbolzen und drücken die Bremsklötze an die Felgenflanken. Lässt die Spannung nach, drücken Federn auf den Bremsbolzen beide Bremsarme wieder auseinander.

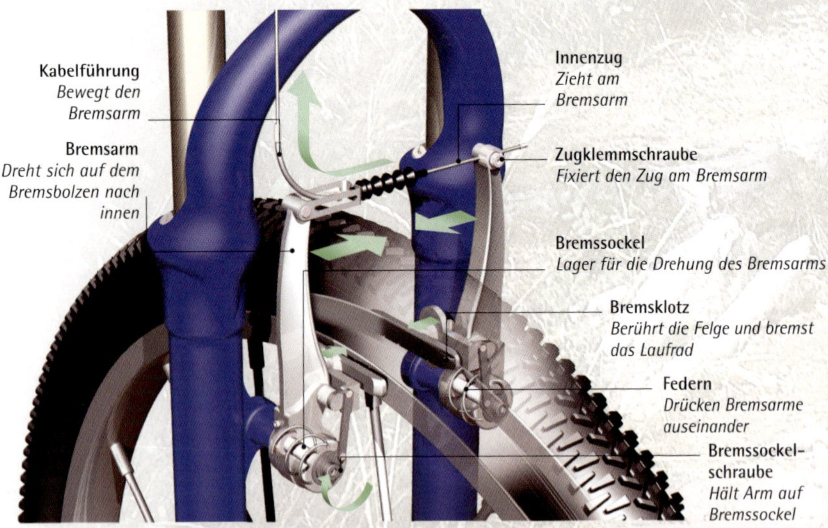

Aufbau des Bremshebels

Betätigt man den Bremshebel, zieht dieser am Nippel des Zugs. Der Zug läuft in der Bowdenzughülle, die an einer Einstellschraube am Hebel ansetzt. Mit dieser Schraube lässt sich der Hebelweg einstellen.

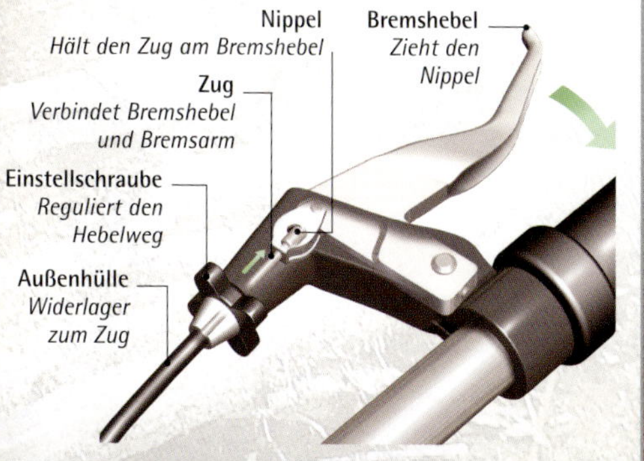

Bremskabel am Rennlenker

Bremskabel eines Rennlenkers sollten in regelmäßigen Abständen ausgetauscht werden, je nach Gebrauch des Fahrrads. An einem Rad, das häufig benutzt wird, tauscht man die Züge alle zwei Monate. Für ein Rad, das zwei bis drei Mal in der Woche benutzt wird, genügt einmal im Jahr.

Die hier gezeigten Schritte beziehen sich auf die Hinterradbremse. Der Tausch des Zugs bei der Vorderbremse funktioniert genauso, außer dass der Zug nicht durch Kabelführungen verläuft.

Bremshebel, die an einen Rennlenker passen, benötigen einen kleinen birnenförmigen Nippel. Am besten hat man immer einen Zug als Ersatz in der Werkzeugkiste. Auch ein Zug für hinten kann auf die Länge des vorderen gekürzt werden. Haben Sie den Zug entfernt, können Sie die Gelenke des Bremshebels ölen und ein wenig Öl unter das Bremsgehäuse sprühen, worin der Zug verläuft.

Position am Rad

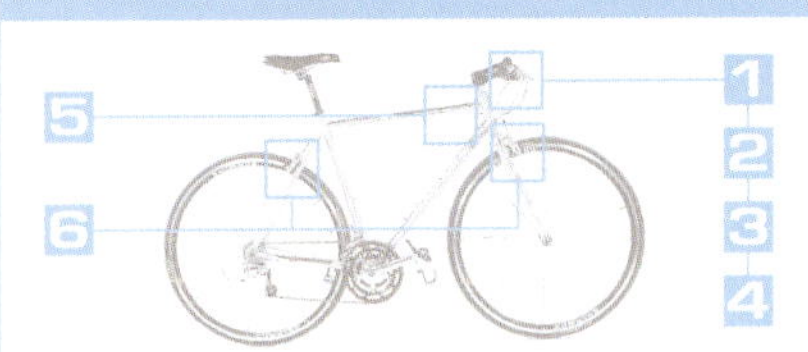

Teile des Bremshebels und Zugs

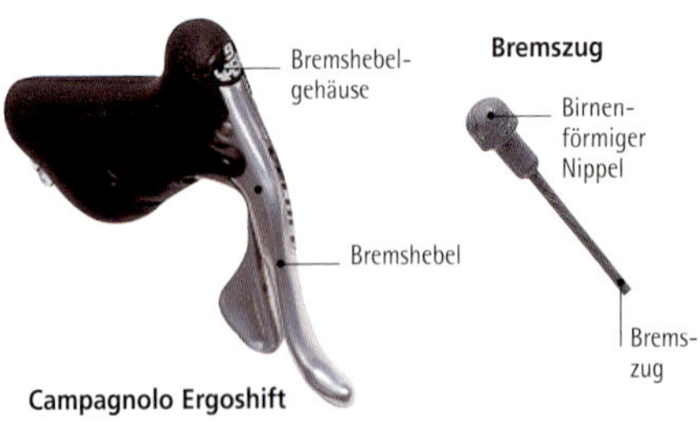

Campagnolo Ergoshift

Werkzeug

- Spitzzange
- Bowdenzugschneider
- Inbus-Multitool
- Rundfeile

Bremszüge am Rennrad ersetzen

1 **Öffnen Sie die Zugklemmschraube** an der Bremse. Entfernen Sie den alten Zug, in dem Sie den Nippel mit der Spitzzange aus dem Gehäuse ziehen.

- Merken Sie sich genau, wo der Zug saß, um den neuen leicht einsetzen zu können.
- Ist der alte Zug gerissen, entfernen Sie den Teil, der sich noch im Bremshebel befindet.
- Vorsichtig das Lenkerband abwickeln.

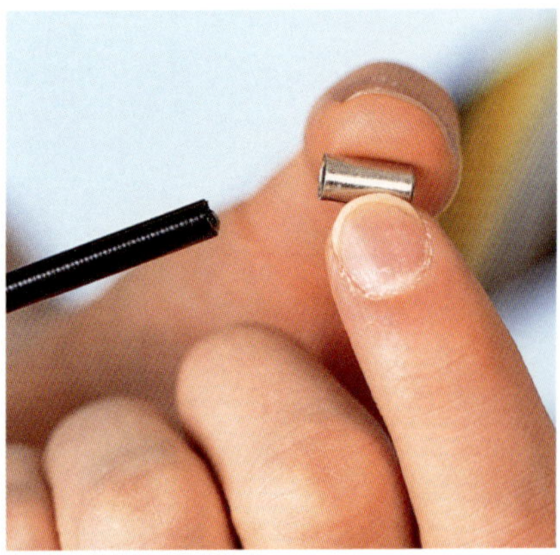

4 **Setzen Sie auf alle Enden** der Hüllen Abschlusskappen. Diese Kappen verhindern, dass die Hüllen durch die Anschläge rutschen, wenn man die Bremshebel betätigt.

- Achten Sie darauf, dass die Kappen komplett aufgeschoben sind. Mit einem Tropfen Öl rutschen die Kappen besser auf. Wischen Sie überschüssiges Öl ab.

2 **Führen Sie den neuen** gefetteten Zug durch den Sitz des Nippels im Bremshebel.

- Schieben Sie den Zug durch die Aufnahme, die im Gehäuse sitzt. Nehmen Sie ihn auf, wenn er aus dem Bremsgehäuse kommt und ziehen ihn komplett durch.
- Vergewissern Sie sich, dass der Nippel korrekt in seiner Aufnahme sitzt, nachdem Sie den Zug komplett durchgeführt haben.

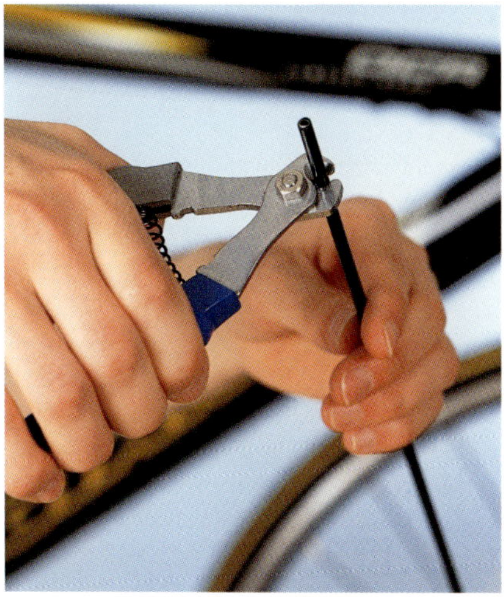

3 **Schneiden Sie die Bowdenzughülle** mit einer guten Zange auf die richtige Länge ab. Orientieren Sie sich an den alten Zügen für die korrekten Abmessungen.

- Schneiden Sie immer zwischen den Stahlspiralen der Außenhülle.
- Tropfen Sie Öl in die Hülle und lassen es in Ruhe in die Hülle einlaufen.
- Erneuern Sie die Außenhüllen regelmäßig.

5 **Führen Sie den Zug** durch die erste Hülle und durch die Kabelführung am Rahmen.

- Führen Sie den Zug komplett durch, dann durch die nächste Hülle und die nächste Zugführung.
- Schieben Sie die Kabelhüllen fest in die Führungen, damit kein Spiel bleibt, wenn man die Bremse zieht.
- Mit einer feinen Rundfeile können Sie zu enge Zugführungen ausfeilen. Entfernen Sie aber nur das nötigste Material.

6 **Führen Sie den Zug** durch die Klemmschraube an der Bremse, sodass beide Bremsklötze jeweils etwa 2 mm von der Felge entfernt sind.

- Zug halten und Klemmschraube schließen. Besitzt die Bremse einen Schnellöffner, achten Sie darauf, dass dieser zuvor geschlossen ist.
- Befolgen Sie Schritte 5 und 6 auf Seite 97, um das alte oder neue Lenkerband zu befestigen.

Bremskabel am geraden Lenker

Die Bremskabel eines Mountainbikes sollten relativ häufig gewechselt werden – mindestens alle sechs bis zwölf Monate. Auch wenn Sie ausgefranst sind und schwer gehen, sollte man sie tauschen. Das hier gezeigte Rad hat V-Brakes, einige Mountainbikes haben noch Cantileverbremsen. Für beide Bremsentypen ist der Zugtausch gleich.

Bremskabel sollten auch regelmäßig gereinigt und geschmiert werden, vor allem wenn man das Rad bei schlechtem Wetter benutzt. Alle Bremshebel für gerade oder erhöhte Lenker arbeiten mit einem dicken Nippel am Zug.

Ungeachtet des Herstellers passen alle dicken Nippel in die Bremshebel. Denken Sie daran, auf beide Enden der Außenhüllen Kappen aufzusetzen. Benutzen Sie auch Zug-Endkappen, nachdem der Zug abgeschnitten wurde und alles funktioniert, um ein Ausfransen zu verhindern.

Für die Fotos wurde der Reifen abgezogen, um die Arbeitsschritte besser zu verdeutlichen.

Position am Rad

Teile des Bremshebels und des Bremskabels

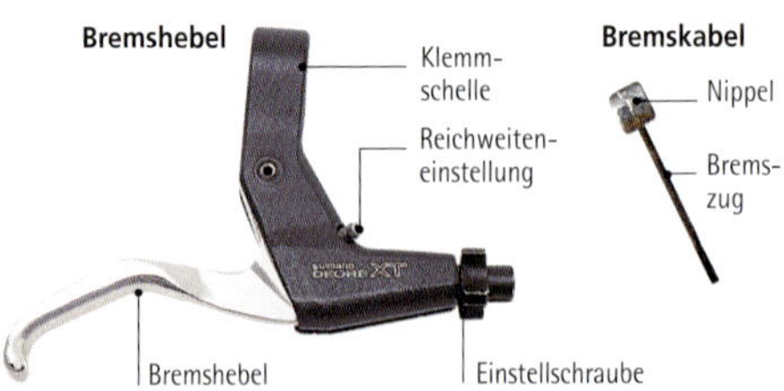

Werkzeug

- Spitzzange
- Bowdenzugschneider
- Inbus-Multitool
- Kabelzugzange (optional)

Bremszug einer V-Brake ersetzen

1 **Öffnen Sie die Zugklemmschraube** an der Bremse. Merken Sie sich, wo der Zug sitzt und entfernen Sie den alten Zug, indem Sie den Nippel mit der Spitzzange aus dem Gehäuse ziehen.

- Überprüfen Sie die Zughüllen. Sind sie nicht abgenutzt, können sie weiter verwendet werden. Mit Entfetter spülen und dann wieder Öl hineintropfen.

4 **Befestigen Sie den Zug** an der Bremse: durch die Kabelführung und anschließend durch die Klemmschraube ziehen.

- Halten Sie den Zug auf Spannung, um die Bremsklötze nahe an die Felge zu bringen. Ziehen Sie die Klemmschraube an, wenn sich die Klötze etwa 2 mm von der Felge entfernt befinden.

2 **Schneiden Sie die neuen Außenhüllen** auf die Länge der vorherigen oder passen Sie sie auf die für Ihr Rad benötigte Länge an. Kaufen Sie Außenhüllen als Rolle oder vorgelängt im Set mit den inneren Zügen. Sind die vorgelängten Hüllen zu lang für Ihr Rad, schneiden Sie sie ab.

- Tropfen Sie Öl in die Hüllen und schieben Sie eine Kappe auf die Enden.

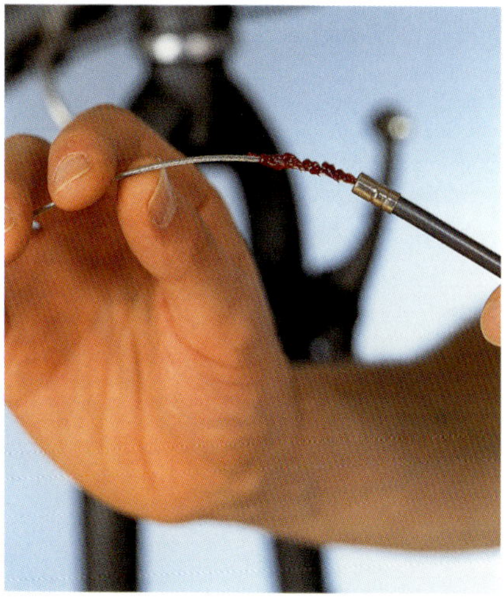

3 **Schmieren Sie den Zug** und führen ihn durch den Bremshebel. Verlässt er den Hebel an der Einstellschraube, ziehen Sie ihn durch, bis der Nippel in seiner Aufnahme im Bremshebel sitzt.

- Führen Sie den Zug durch die Hülle und durch die Kabelführung am Rahmen.

5 **Ziehen Sie den Bremshebel,** bis die Bremse voll greift. Damit geht man sicher, dass alle Hüllen gut sitzen und die Schrauben fest angezogen sind.

- Öffnen Sie die Klemmschraube und wiederholen Sie Schritt 4, falls der Zug durchrutscht oder eine Zugkappe nicht richtig saß.

6 **Schneiden Sie überstehende Zuglängen ab,** wenn alles sitzt und funktioniert.

- Etwa 4 Zentimeter Zug können Sie hinter der Klemmschraube überstehen lassen.
- Befestigen Sie eine Zug-Endkappe, damit er nicht ausfranst.

Rennradbremse

Um Rennradbremsen zu warten, achtet man auf die Funktion des Bremshebels. Muss man diesen zu weit ziehen, bevor die Bremse packt, muss man sie neu einstellen. Prüfen Sie die Bremsklötze auf Abnutzung und Ausrichtung, und achten Sie darauf, dass beide gleichzeitig die Felge berühren.

Die Länge des Hebelwegs kann man individuell einstellen. Menschen mit kleineren Händen bevorzugen oft einen längeren Hebelweg, da sie umso kräftiger ziehen können, je näher der Hebel am Lenker ist.

Abgesehen von den Schnellöffnungshebeln arbeiten Rennradbremsen (hier Shimano-Bremsen) nach dem gleichen Schema, unabhängig vom Hersteller. Somit kann man die gezeigte Anleitung auf jedes Rad anwenden, egal welche Bremsenmarke montiert ist.

Position am Rad

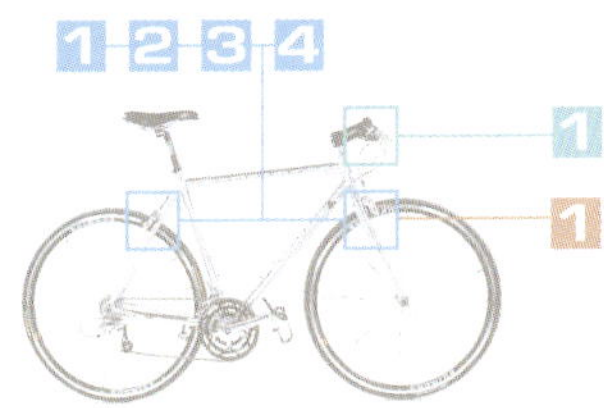

Teile der Rennrad-Felgenbremse

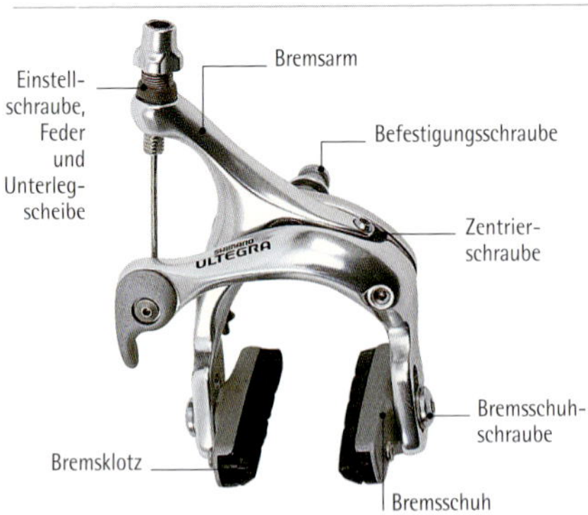

Werkzeug

- Inbusschlüssel-Set oder Inbus-Multitool
- Spitzzange (optional)

Einstellen der Felgenbremse

1 **Überprüfen Sie regelmäßig** die Abnutzung der Bremsklötze. Sind sie über die Hälfte ihrer ursprünglichen Dicke abgenutzt, müssen sie ausgetauscht werden.

- Öffnen Sie die Inbus-Sicherungsschraube und drücken Sie den Bremsklotz heraus. Bestehen Klotz und Bremsschuh aus einer Einheit, ersetzen Sie dieses Teil komplett. Schrauben Sie den alten Bremsklotz ab und montieren den neuen mit einem 5-mm-Inbus.

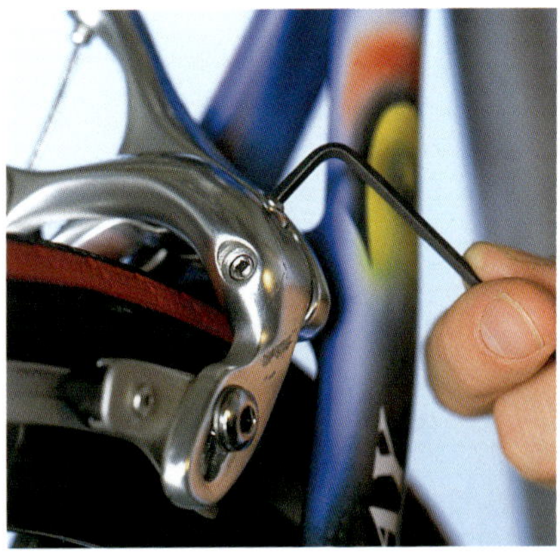

3 **Betätigen Sie den Bremshebel** und achten Sie darauf, ob die beiden Klötze gleichzeitig die Felgenflanken des Laufrads berühren.

- Die Koordination der beiden Bremsarme erfolgt über eine seitliche Inbus-Einstellschraube am Arm der Bremse. Dies nennt man »Zentrieren« der Bremse.

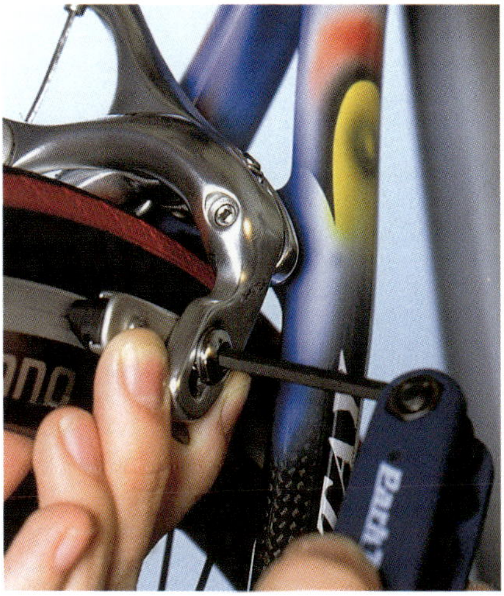

Stellen Sie die Bremsklötze so ein, dass sie genau auf die Bremsflächen der Felgenflanke ausgerichtet sind.

- Öffnen Sie die 5-mm-Inbusschraube und stellen den Klotz auf die Felgenflanke ein.
- Achten Sie auf die Abnutzung des Bremsklotzes. Besitzt er eine Kante, war er zu tief eingestellt und muss ersetzt werden.

Stellen Sie den Hebelweg ein, falls der Bremshebel einen zu großen Weg zurücklegen muss, bis das Laufrad gestoppt wird.

- Öffnen Sie die Zugklemmschraube und drücken Sie die Bremsarme zueinander, bis die Bremsklötze fast die Felge berühren. Dabei rutscht der Bremszug durch die Klemmschraube.
- Ziehen Sie die Klemmschraube an und lassen die Bremsarme wieder los.

So arbeiten die Schnellöffnungshebel

Sind die Bremsklötze so eng eingestellt, dass sich das Laufrad nicht ausbauen lässt, benutzen Sie den Schnellöffnungsmechanismus. Campagnolo- und Shimano-Bremsen arbeiten mit unterschiedlichen Schnellöffnungssystemen.

- Um eine Shimano-Felgenbremse zu öffnen, drücken Sie den kleinen Hebel an der Zugklemmschraube nach oben. Haben Sie das Laufrad eingebaut, schließen Sie diesen Hebel wieder.

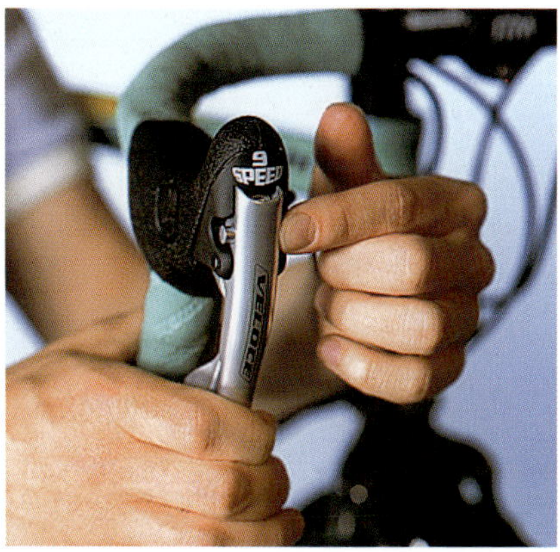

Drücken Sie den kleinen Knopf an der Seite des Bremshebelgehäuses, um Campagnolo-Felgenbremsen zu öffnen.

- Die Bremsklötze werden wieder zurückgestellt, indem man den Hebel zum Lenker zieht, bis die Bremse packt, und dann drückt man den kleinen Knopf zurück.

V-Brake

An den meisten neuen Mountainbikes sind V-Brakes montiert, da diese ausgezeichnet bremsen. Da man Mountainbikes in harten Bedingungen bewegt, ist es sehr wichtig, die gute Bremskraft zu erhalten und zu wissen, wie man sie einstellt, daheim oder im Gelände.

Ausrichtung und Abnutzung der Bremsklötze müssen regelmäßig überprüft und neu eingestellt werden, damit die V-Brake korrekt arbeitet. Sobald man sich im Gelände bewegt, erhöht sich der Abrieb der Bremsbeläge. Selbst ein einziger Ausflug kann abgenutzte Klötze unbrauchbar machen, also sollten sie immer rechtzeitig ausgetauscht werden.

Stellt man die Bremsen in der Werkstatt ein, zieht man am besten die dicken Reifen ab, da sie meist im Weg sind. Die Laufräder dürfen keinen Achter aufweisen *(S. 108-109)*, bevor man die Bremsen einstellt.

Position am Rad

Teile der V-Brake

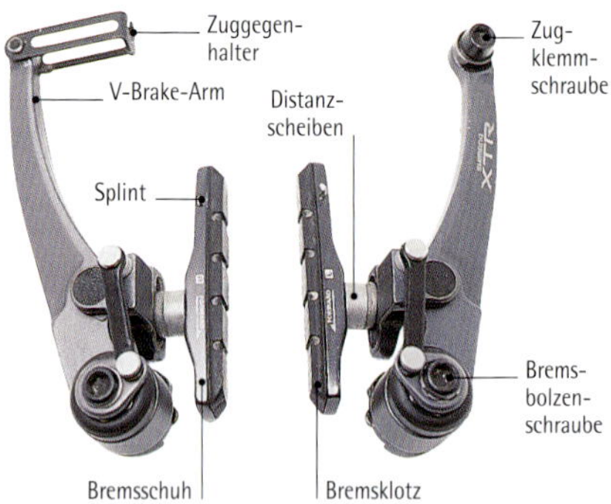

Werkzeug

● Inbusschlüssel-Set oder Inbus-Multitool ● Kreuzschlitz-Schraubendreher ● Kabelzugzange (optional)

Einstellen der V-Brake

1 **Überprüfen Sie, ob die Feder** an beiden Bremsarmen jeweils im gleichen Loch am Bremsbolzen eingehängt ist. Ist dies nicht der Fall, öffnen Sie die Bremssockelschraube, ziehen den Bremsarm ab und stecken die Feder in das richtige Loch.

● Schrauben Sie die Bremssockelschraube wieder ein. Falls der Bremssockel trocken ist, geben Sie etwas Fett darauf.

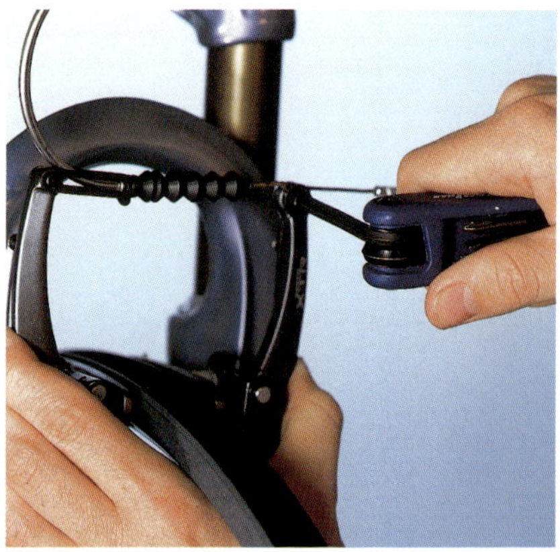

4 **Hängen Sie die Bremsen wieder ein.** Der Zug kommt wieder in den Gegenhalter.

● Der Abstand zwischen Felge und Bremsklotz sollte jeweils rund einen Millimeter betragen.

● Öffnen Sie die Zugklemmschraube mit einem Inbus und ziehen Sie den Zug durch, bis der Abstand 1 mm beträgt. Dann die Zugklemmschraube befestigen.

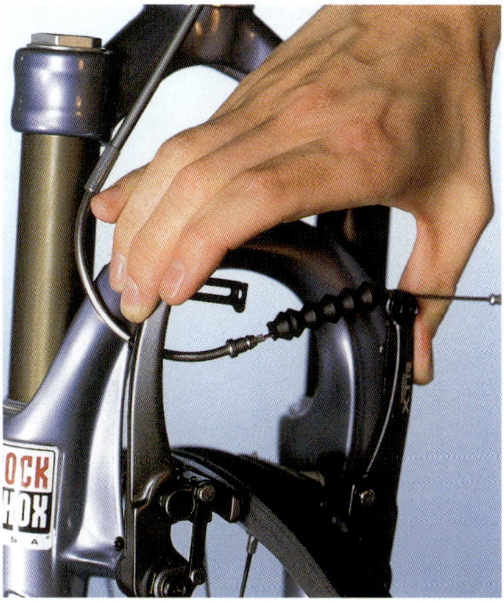

2 **Drücken Sie die Arme zueinander.** Stehen Sie nicht senkrecht, wenn die Klötze die Felge berühren, müssen Sie die Distanzscheiben von innen nach außen oder umgekehrt stecken, sodass die Arme beim Bremsen senkrecht stehen.

- Öffnen Sie die Bremse, indem Sie die Zugführung am Gegenhalter aushängen. So kann man auch das Laufrad ausbauen, wenn benötigt.

3 **Öffnen Sie die Bremsklotzschraube.** Klotz ausbauen, die Distanzscheiben wechseln.

- Überprüfen Sie die Klötze. Sind sie abgenutzt, entfernen Sie die Klotzsicherung, schieben den alten Klotz aus dem Bremsschuh und bauen einen neuen ein.

- Richten Sie die Klötze so aus, dass sie parallel und mit der gesamten Fläche die Flanke der Felge berühren. Dann die Bremsklotzschraube festziehen.

5 **Mit einem Kreuzschlitz-Schraubendreher** öffnen oder schließen Sie die Zentrierschraube an den beiden Bremsarmen. Die beiden Arme sollten den gleichen Weg zurücklegen, bevor der Klotz die Felge berührt, wenn man am Bremshebel zieht.

- Beide Schrauben sollten im Idealfall gleich eingestellt sein, da auf beiden Seiten der Klötze auch die gleiche Anzahl von Distanzringen montiert ist.

6 **Um den Hebelweg zu verkürzen** und die Bremsen direkter reagieren zu lassen, können Sie die Zugeinstellschraube herausdrehen.

- Dreht man die Einstellschraube heraus, verkürzt sich der Hebelweg und die Bremse reagiert direkter. Dies funktioniert schnell und einfach und hilft vor allem bei nassen Bedingungen, wenn sich Bremsklötze schnell abnutzen.

Cantilever-Bremsen

Klassische Cantilever-Bremsen funktionieren auch mit Renn-Bremshebeln, im Gegensatz zu V-Brakes. Deswegen sind Cantilever an Reise- und Crossrädern montiert. Sie sind die Vorläufer der V-Brakes, sodass man sie auch an älteren Rädern findet.

Halten Sie Cantilever-Bremsen gut in Schuss, indem Sie regelmäßig die Bremsklötze auf Abnutzung kontrollieren, die Einstellung der Klötze und den Bremshebelweg prüfen.

Der Zug der hier gezeigten Cantilever-Bremse ist an einem der Bremsarme befestigt, der verzweigte Zug am anderen Bremsarm. An manchen älteren Cantilever-Bremsen ist ein Haken am Zug befestigt. In diesen Haken ist ein kurzer Mittelzug eingehängt, der die beiden Bremsarme betätigt. Achten Sie immer auf die richtige Einstellung dieses Zugstücks (siehe Schritt 1 BMX-U-Brake einstellen, *S. 124-125*).

Position am Rad

Teile der Cantilever-Bremse

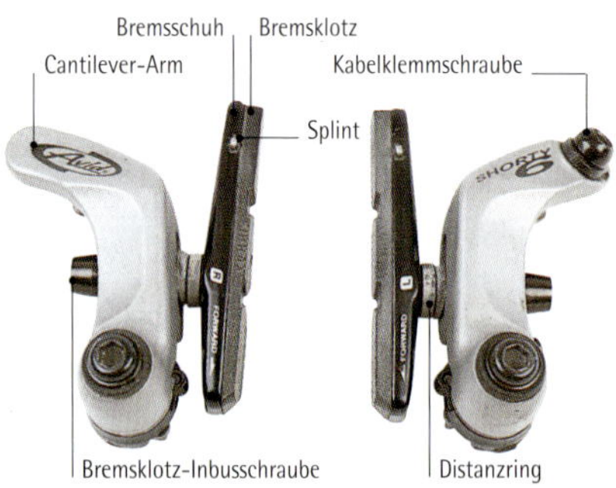

Werkzeug

- 5-mm-Inbus
- Fettspritze (optional)
- Fett

Cantilever-Bremse einstellen

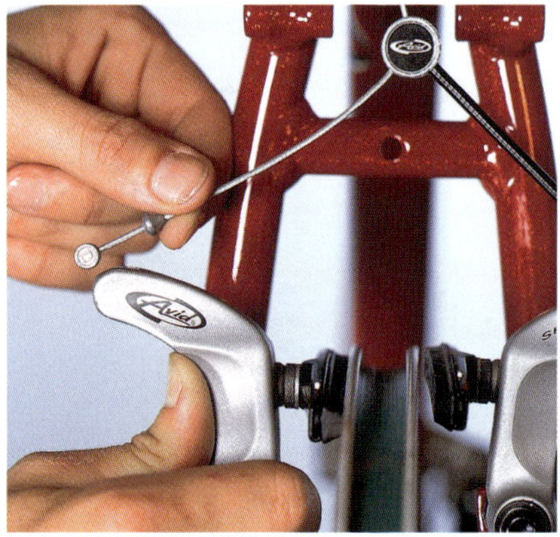

1 **Hängen Sie den Dreieckszug aus,** indem Sie den Bremsarm, an dem der Zug befestigt ist, zum Reifen hin drücken. Gleichzeitig hängen Sie mit der anderen Hand den Nippel am Zug aus.

- Schrauben Sie die Bremssockelschraube auf, die den Bremsarm am Rahmen hält.
- Ziehen Sie den Cantilever-Arm ab.

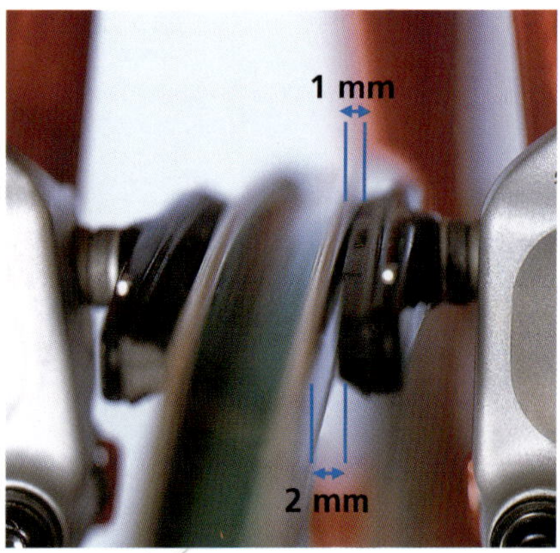

4 **Stellen Sie die Bremsklötze so ein,** dass das vordere Ende die Felge zuerst berührt, wenn man die Bremse zieht – dies heißt »toe in«.

- Öffnen Sie die Klotzschraube und legen Sie eine Münze zwischen hinteres Klotzende und Felge. Bremse betätigen, Schraube nun festziehen und die Münze wegnehmen. Idealerweise steht nun der Klotz vorne 1 mm, hinten 2 mm von der Felge entfernt.

2 **Bremssockel** mit einem in Entfetter getränkten Lappen reinigen. Dünnes Fett, nicht schweres Industriefett, auf den Sockel geben. Benutzen Sie eine Fettspritze, falls vorhanden.

- Stecken Sie beide Bremsarme wieder auf die Sockel und vergewissern Sie sich, dass die Federn auf beiden Seiten in den gleichen Löchern sitzen.
- Bremssockelschrauben festschrauben, um die Canti-Arme sicher auf dem Rahmen zu halten.

3 **Bremsklötze prüfen.** Ist einer abgenutzt oder schlecht eingestellt, mit dem Inbus die Klotzschraube öffnen, die Einheit entfernen.

- Ziehen Sie den Splint aus dem Bremsklotz, schieben Sie den Klotz heraus. Neuen Klotz einschieben, mit dem Splint sichern.
- Setzen Sie die Einheit wieder im Bremsarm ein und richten Sie den Bremsklotz so aus, dass er parallel zur Felge diese mit der gesamten Fläche berührt. Dann Schraube festziehen.

5 **Öffnen Sie die Kabelklemmschraube,** um den korrekten Abstand des Bremsklotzes zur Felge einzustellen.

- Ziehen Sie den Zug durch die Klemmschraube, bis das vordere Ende der Klötze jeweils 1 mm von der Felge entfernt ist. Kabelklemmschraube anziehen.
- Ziehen Sie am Bremshebel, um zu überprüfen, ob beide Bremsklötze die Felge gleichzeitig berühren. Ist dies nicht der Fall, drehen Sie die Zentrierschrauben an den Bremsarmen ein oder aus, bis es funktioniert.

Andere Bremsen

Zwei weitere Arten von Bremsen werden auch an neuen Rädern verbaut. Dies sind Felgenbremsen mit seitlicher Anlenkung, wie sie an Kinderrädern zu finden sind, und U-Brakes an BMX-Rädern. Die Seitenzug-Felgenbremsen arbeiten ähnlich wie Rennradfelgenbremsen *(S. 118–119)*, U-Brakes ähneln Cantilevern.

Bevor Sie Ersatzzüge für diese Bremstypen kaufen, überprüfen Sie, welcher Nippel an dem Rad benutzt wird. Manche Hebel an älteren oder Kinderrädern brauchen kleine birnenförmige Nippel, andere die größeren runden Nippel. Baut man einen neuen Zug in eine Seitenzug-Felgenbremse, dreht man am besten die Einstellschraube halb heraus.

Position am Rad

Seitenzug-Felgenbremse

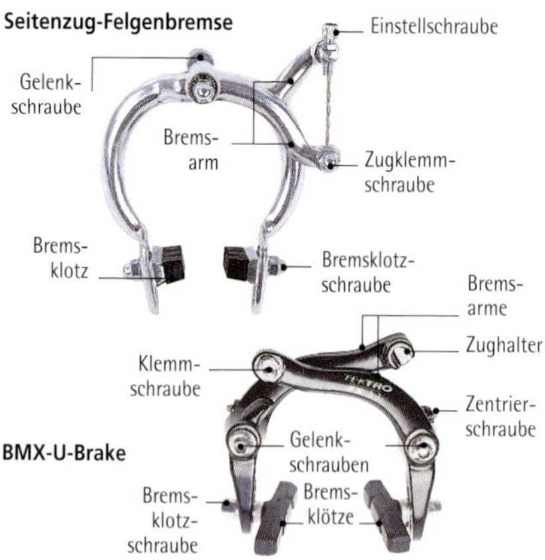

Werkzeug

- Inbus-Multitool
- Spitzzange
- Maulschlüssel

Einstellen der Seitenzug-Felgenbremse

1 **Öffnen Sie die Zugklemmschraube** und ziehen den Zug durch, bis die Klötze dicht an der Felge stehen. Dies gleicht den Abrieb aus.

- Drehen Sie die Einstellschraube hinein, um die Bremsklötze näher zu bringen oder schrauben Sie sie aus, um die Bremse zu schließen.
- Ersetzen Sie Klötze, die über die Hälfte abgenutzt sind. Öffnen Sie die Schraube und montieren Sie neue Klötze.

BMX-U-Brake einstellen

1 **Öffnen Sie die Schraube** am Dreieckshaken und ziehen den Zug mit einer Spitzzange durch, um den Abrieb der Klötze auszugleichen. Schraube wieder festziehen.

2 **Mit einem Inbus** stellen Sie die Zentrierschrauben ein, falls die Klötze nicht gleichzeitig die Felge berühren. Drehen Sie die Schraube ein, wandert der Klotz weiter weg von der Felge.

2 **Berührt ein Klotz die Felge** eher als der andere, müssen Sie die Bremse zentrieren.

- Öffnen Sie die Bremsschraube, die sich an der Rückseite der Gabelkrone befindet.

- Richten Sie nun die Bremse so aus, dass sich beide Bremsklötze in gleicher Entfernung zur Felge befinden und ziehen die Bremsschraube wieder an.

3 **Öffnen Sie die Bremsklotzschrauben** und richten Sie die Klötze parallel zur Felge aus. Ziehen Sie die Schraube wieder fest. Tun Sie dies auch, wenn Sie Bremsklötze ausgetauscht haben.

- Kontrollieren Sie regelmäßig die Bremsklötze. Falls Sie Kanten darauf entdecken, müssen Sie die Klötze ersetzen *(siehe Schritt 1)* und sie wie oben beschrieben ausrichten. Nur so kann die ganze Fläche die Felge berühren.

3 **Einstellung und Austausch** der Klötze funktionieren wie bei der Felgenbremse *(S. 118-119)*. Ersetzen Sie die Klötze, indem Sie die Splinte entfernen und neue Klötze oder Bremsschuh-Einheiten einschrauben.

- Um die Bremse wieder einzuhängen, drücken Sie die Bremsarme zusammen und hängen den Haken wieder am Dreieckszug ein.

Scheiben- und Nabenbremsen

Bremsen an den Naben verzögern ein Rad, indem sie die Geschwindigkeit der Nabe verringern. An Scheibenbremsen sollten Sie regelmäßig den Zustand der Bremsbeläge überprüfen und sie ersetzen, falls sie abgenutzt sind. Die Züge von Nabenbremsen sind regelmäßig zu kontrollieren und zu ersetzen. Achten Sie auf Lecks an hydraulischen Bremskabeln.

So funktioniert's

Nabenbremsen werden über einen Zug von einem Hebel betätigt, der Bremsklötze an eine Bremsfläche drückt. Federn drücken die Klötze wieder weg, wenn der Hebel gelöst wird. Bei Scheibenbremsen werden Klötze an eine Bremsscheibe gepresst, die an der Nabe befestigt ist.

In Rücktritt- und Nabenbremsen arbeiten die Klötze innerhalb der Nabe. Die Reibung der Klötze auf der Oberfläche bremst die Nabe und damit das Rad. An hydraulischen Bremsen wird durch die Hebelbewegung Flüssigkeit durch eine Leitung gepresst. Diese Flüssigkeit bewegt dann die Klötze im Bremszylinder. Von allen Nabenbremsen bieten hydraulische Scheibenbremsen dem Radfahrer die beste Kontrolle der angewendeten Bremskräfte.

Funktioniert in jedem Wetter
Ein Vorteil von Nabenbremsen gegenüber Felgenbremsen liegt darin, dass sie bei allen Wetterbedingungen nahezu gleich gut arbeiten.

Aufbau der hydraulischen Scheibenbremse

Zieht der Fahrer am Bremshebel, drückt die hydraulische Flüssigkeit in der Leitung auf die Kolben des Bremszylinders. Diese Kolben wiederum pressen die Bremsbeläge auf beiden Seiten gegen die Bremsscheibe und verzögern damit das Rad. Lässt der Fahrer den Hebel los, nimmt der Druck in der Leitung ab, sodass die Federn (nicht sichtbar) in den Kolben die Bremsbeläge wieder auseinander drücken.

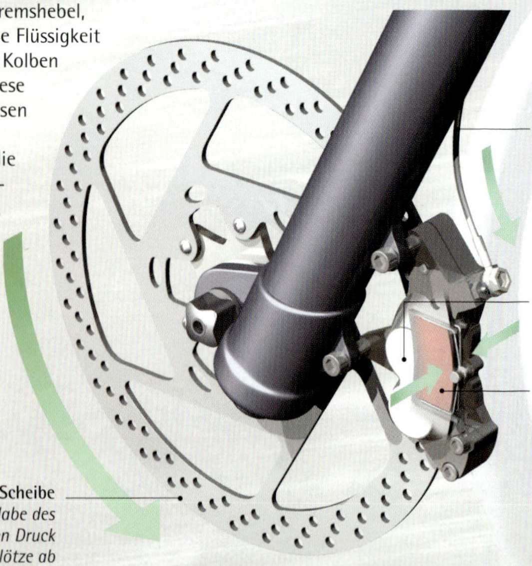

Hydraulische Bremshebel

Die Leitungen an beiden Bremshebeln sind mit einem Bremsflüssigkeitsreservoir verbunden. Diese Flüssigkeit füllt die Leitung bis hinunter zum Bremszylinder am Rad. Der Zug am Bremshebel bewegt einen Kolben, der die Flüssigkeit in der Leitung nach unten drückt und somit die Kolben des Bremszylinders betätigt.

Mechanische Scheibenbremse

Mechanische Scheibenbremsen funktionieren bei jedem Wetter gut. Man sollte jedoch die Bremszüge immer wieder auf Beschädigung untersuchen und sie gut geschmiert halten. Macht die Bremse nicht schnell genug auf, wenn man den Hebel loslässt, muss der Zug geschmiert werden. Überprüfen Sie auch den Hebelweg. Ein zu großer Weg bedeutet, dass die Beläge verschlissen sind.

Wenn Sie alte Bremsbeläge inspizieren, achten Sie auf deren Abnutzung. Hat sich eine Kante gebildet oder die Abnutzung erfolgt unregelmäßig, muss eventuell der Zylinder ausgerichtet werden.

Beim Schmieren Ihres Rads unbedingt darauf achten, dass kein Schmiermittel auf Bremsscheiben oder Beläge gerät. Scheiben oder Beläge nie anfassen, da das Fett von Ihren Fingern die Leistung beeinträchtigen kann. Reinigen Sie die Bremsscheiben mit methylhaltigen Flüssigkeiten.

Position am Rad

Teile einer mechanischen Scheibenbremse (vorne)

Werkzeug

- Inbus-Multitool
- Spitzzange
- Kabelzugzange (optional)

Zug einstellen

1 **Öffnen Sie die Zugklemmschraube** am Zylinder. Ziehen Sie den Zug genügend weit mit einer Kabelzugzange oder einer Spitzzange durch, um das Kabel zu spannen.

- Die Zugklemmschraube anziehen. Damit verkürzt man den Weg der Bremskolben. Dies sollte man vornehmen, wenn der Weg der Bremshebel sehr groß ist, bis die Bremsen greifen.

Beläge ersetzen

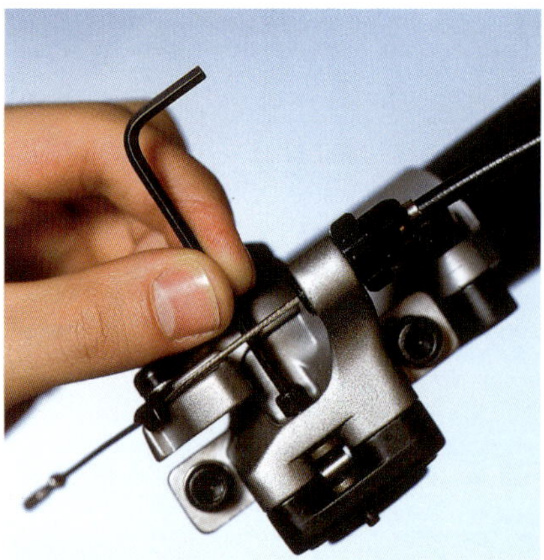

1 **Ersetzen Sie die Beläge,** falls die Bremsen nicht gut funktionieren oder verschlissen sind.

- Splint mit der Spitzzange entfernen und Schraube, die die Beläge im Zylinder sichert, öffnen. Beschädigen Sie den Splint nicht. Die Beläge sollten herausfallen.

2 Drehen Sie die Einstellschraube aus, um den Hebelweg zu verkürzen. Sie befindet sich direkt da, wo die Leitung den Zylinder verlässt.

- Öffnen Sie die Zugklemmschraube, um den Zug zu entfernen, wenn Sie ihn ersetzen wollen. Führen Sie den neuen Zug in den Hebel *(S. 116–117)* und befolgen Sie Schritte 1 und 2 mit dem neuen Zug.
- Fetten Sie den neuen Zug vor dem Einbau.

3 **Richten Sie den Zylinder** an der Scheibe mithilfe der Einstellschrauben aus. Öffnen Sie diese Schrauben, stellen Sie den Zylinder parallel zur Scheibe und ziehen die Schrauben wieder an.

- Sind Bremsen nicht mit Einstellschrauben ausgestattet, können Sie den Zylinder mit mehreren dünnen Unterlegscheiben an den Befestigungsschrauben justieren.

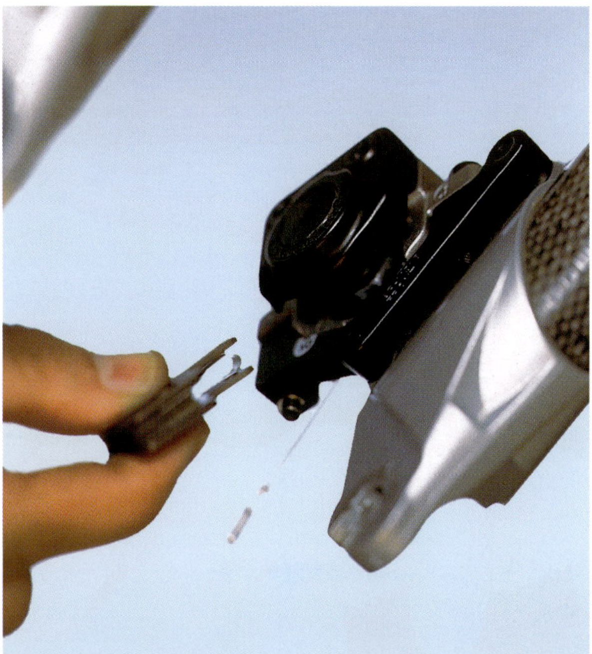

2 **Stecken Sie die neuen Beläge ein** und sichern sie mit der Inbusschraube und dem Splint.

- Säubern Sie Ihre Hände, bevor Sie mit Bremsbelägen arbeiten. Fett beeinträchtigt die Bremsleistung erheblich.
- Verwenden Sie nur Ersatzbeläge, die vom Hersteller für den Bremsentyp Ihres Fahrrads vorgesehen sind. Möchten Sie die Leistung Ihrer Bremsen verändern, sollten Sie sich nach alternativen Bremsbelägen mit anderen Mischungen für Ihr Modell erkundigen.

Hydraulische Scheibenbremse I

Hydraulische Scheibenbremsen arbeiten besser als mechanische und benötigen nach ihrer korrekten Installation nur wenig Wartung. Scheibenbremsen passen nur an Räder, deren Rahmen dafür vorbereitet ist.

Mechanische Scheibenbremsen arbeiten auch mit Hebeln für Felgenbremsen, die Leistung ist aber schwächer als die der hydraulischen Scheibenbremsen. Diese komprimieren Flüssigkeit anstatt ein Kabel zu betätigen. Man muss passende hydraulische Bremshebel am Lenker montieren und Leitungen verwenden, die Flüssigkeit halten. Zudem benötigt man spezielle Naben für die Discs.

Die vordere Leitung braucht man nicht an der Gabel zu befestigen. Um die hintere Leitung zu führen und am Rahmen zu befestigen, benutzen Sie am besten einen Adapterkit für die Anlötösen, da hydraulische Leitungen zu dick für Standardösen sind.

Position am Rad

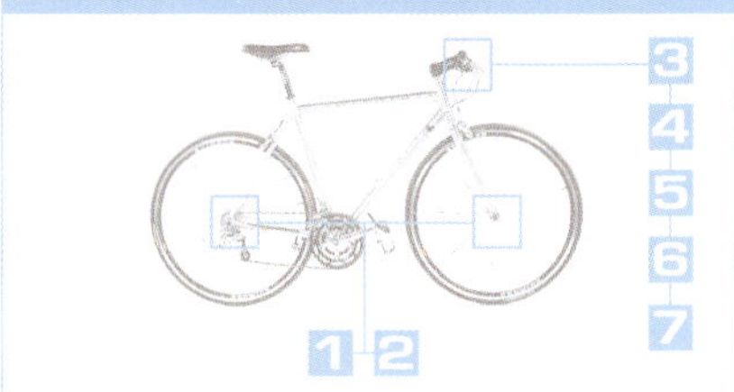

Teile der hydraulischen Scheibenbremse

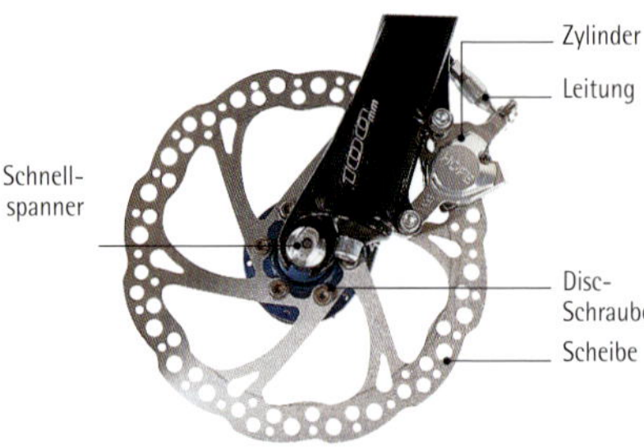

Werkzeug

- Inbus-Multitool • Maulschlüssel • Schneidemesser
- Schraubenkleber • Schraubendreher

Montage einer hydraulischen Scheibenbremse

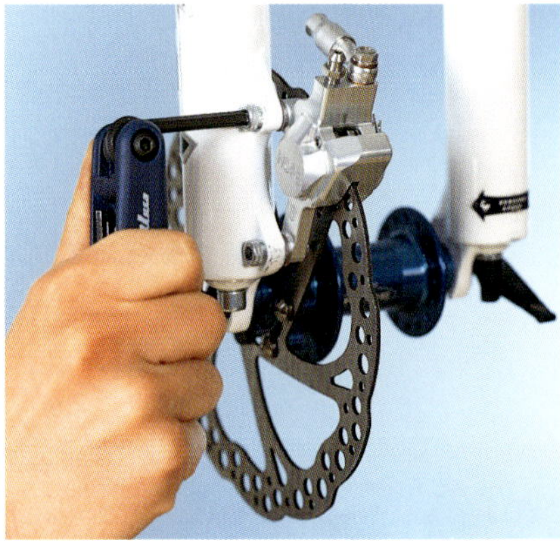

1 **Schrauben Sie den Zylinder** mit den mitgelieferten Inbusschrauben und Unterlegscheiben an.

- Verwenden Sie die Unterlegscheiben auf unterschiedlichen Seiten, um den Zylinder mit der Scheibe auszurichten.
- Geben Sie Schraubensicherung auf die Schrauben, mit denen man die Scheibe an die Nabe schraubt.

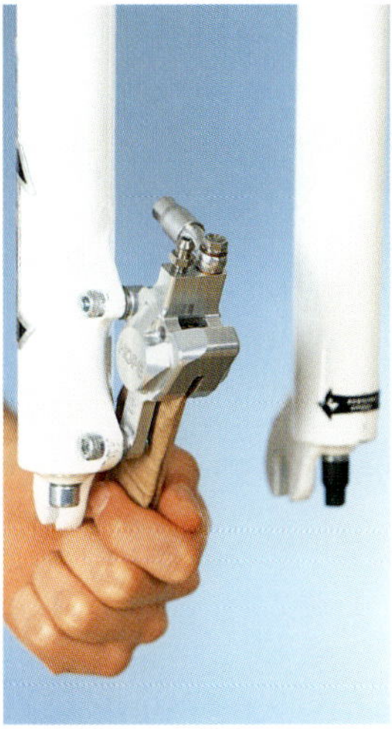

2 **Schneiden Sie die Leitung des hydraulischen Systems ab,** falls sie zu lang ist. Befolgen Sie die Schritte 3 bis 7.

- Entfernen Sie die Bremsbeläge *(siehe S. 128-129)* und setzen Sie einen Spacer ein. Der hier gezeigte Zylinder ohne Leitung dient nur zur Demonstration.

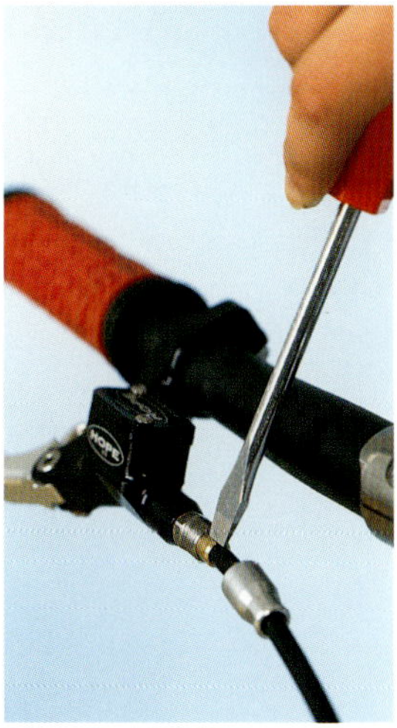

3 **Montieren Sie den Bremshebel** am Lenker und befestigen Sie die Schelle.

- Lösen Sie die Aluminiumkappe, die über dem Leitungsanschluss am Bremshebel sitzt und verschieben Sie diese. Hebeln Sie die Kupferkupplung mit einem Schraubendreher auf.

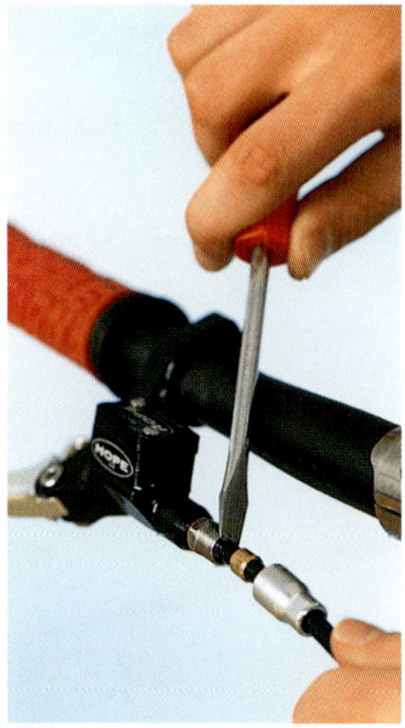

4 **Verschieben Sie die Kupferkupplung** auf der Leitung, um Platz zu haben.

- Hebeln Sie die Leitung vom Bremshebel. Beschädigen Sie dabei nicht den Anschluss am Hebel. Ziehen Sie gleichzeitig vorsichtig an der Leitung, um sie zu demontieren.

5 **Schneiden Sie überstehende Leitungsteile** mit einem scharfen Messer vom freien Ende ab. Lassen Sie die Kupferkupplung und die Hülle auf der Leitung.

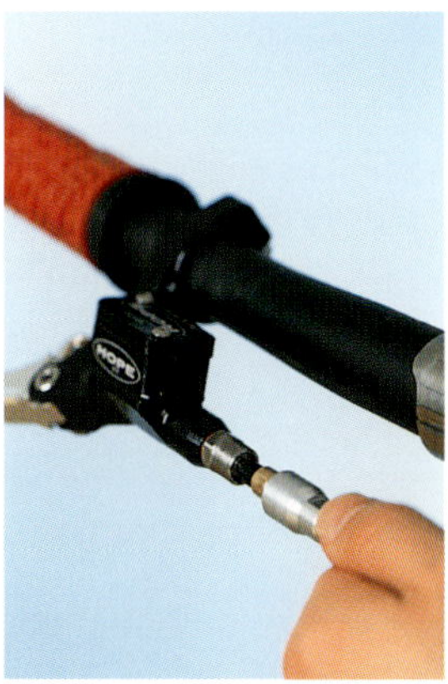

6 **Stecken Sie die Leitung** in den Anschluss am Bremshebel. Kräftig hinein drücken, aber nicht zu stark, um nicht die Leitung zu spalten.

- Halten Sie bei allen Arbeiten die Leitung nach oben, um so wenig Bremsflüssigkeit wie möglich zu verlieren.

7 **Pressen Sie die Kupferkupplung** am Bremshebel fest auf, um die Leitung abzudichten.

- Schrauben Sie die Hülle aufs Gewinde am Bremshebel auf.
- Entlüften Sie das Bremssystem *(siehe S. 132-133)*.

Hydraulische Scheibenbremse II

Muss man hart an den Bremshebeln ziehen, ohne dass die Scheibenbremsen richtig funktionieren oder man pumpt regelrecht am Hebel, muss man das System entlüften. Die folgende Beschreibung hilft auch, wenn man Leitungen beim Anbau eines hydraulischen Systems kürzen muss, ein Leck im System hatte, oder eine neue Leitung verlegt hat.

Position am Rad

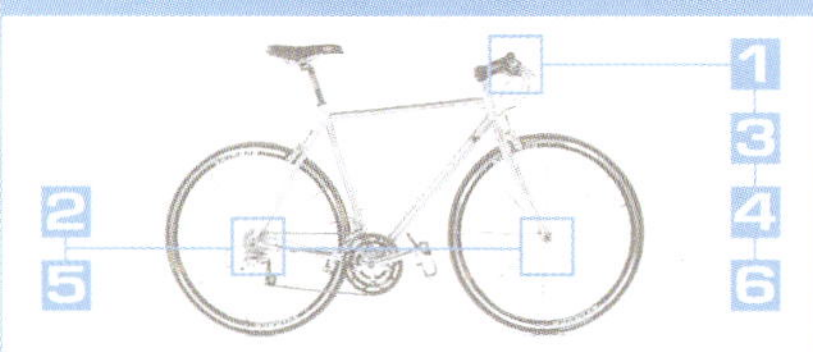

Werkzeug

- Inbus-Multitool
- 10-mm Maulschlüssel
- Stück klarer Schlauch

Bremsflüssigkeit ablassen und ersetzen

1 **Bauen Sie die Laufräder aus,** um zu verhindern, dass Bremsflüssigkeit auf die Scheiben tropft.

- Setzen Sie eine Sicherung zwischen die Beläge ein *(siehe Schritt 2, S. 131).*
- Öffnen Sie mit einem Inbus den Deckel des Flüssigkeitsbehälters auf dem Bremshebel. Achten Sie darauf, dass keine Bremsflüssigkeit an Ihre Hände gerät.

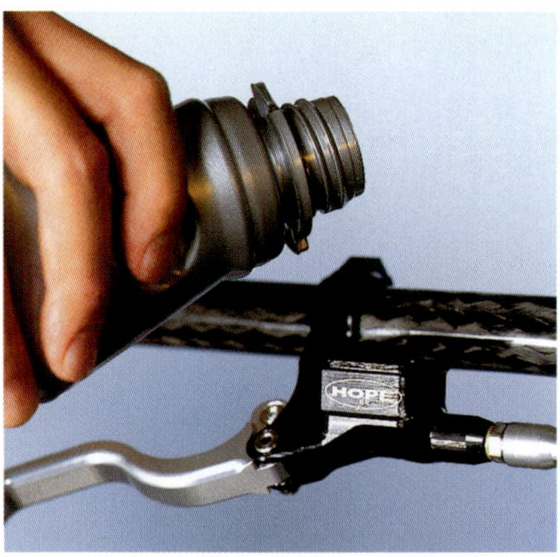

4 **Stellen Sie den Flüssigkeitsbehälter** am Lenker waagerecht, öffnen den Entlüftungsnippel, und füllen das Reservoir mit Bremsflüssigkeit. Gießen Sie vorsichtig und konstant, um Luftblasen zu vermeiden.

- Ziehen Sie den Bremshebel zum Lenker und halten ihn fest. Schließen Sie die Entlüftungsschraube.
- Mischen Sie nie Bremsflüssigkeiten. Mineralöl oder DOT 4-Flüssigkeit können nicht vermischt werden.

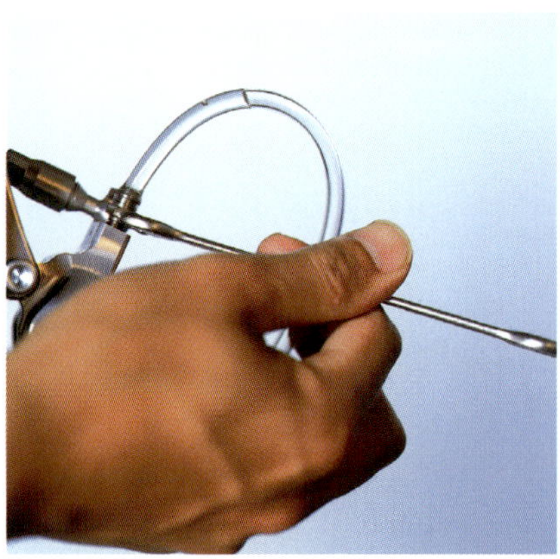

5 **Wiederholen Sie Schritt 4.** Füllen Sie das Reservoir, bis keine Luftblasen mehr im Plastikschlauch zu sehen sind, wenn Sie den Bremshebel ziehen. Wahrscheinlich müssen Sie diesen Schritt vier bis fünf Mal wiederholen, bis alle Luftblasen verschwunden sind.

- Schließen Sie den Entlüftungsnippel, wenn der Schlauch blasenfrei und das Reservoir voll ist.

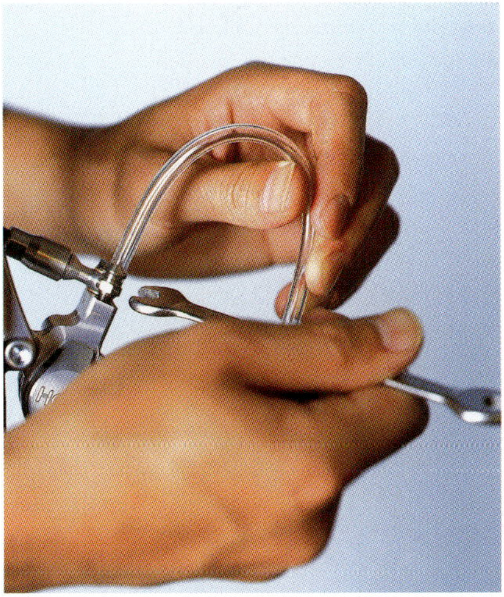

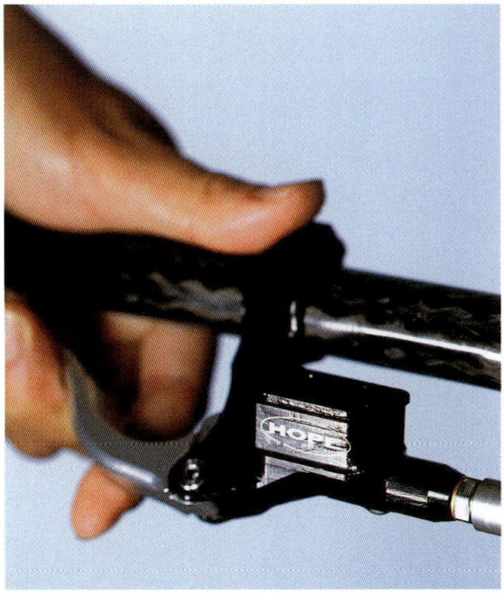

2 **Öffnen Sie die Entlüftungsschraube** am Zylinder mit einem 10-mm-Maulschlüssel.

- Stecken Sie ein durchsichtiges Schlauchstück auf den Entlüftungsnippel.
- Das andere Ende des Plastikschlauchs sollte in einem Plastikbehälter enden; groß genug, um die alte Bremsflüssigkeit aufzunehmen.

3 **Ziehen Sie den Bremshebel** bis zum Lenker durch, um Bremsflüssigkeit zu entfernen.

- Schließen Sie die Entlüftungsschraube.
- Sorgen Sie dafür, dass alles bereitliegt, da die nächsten Schritte gut vorbereitet sein müssen.
- Bedecken Sie die Unterlage Ihres Arbeitsplatzes, da manche Bremsflüssigkeiten aggressiv sind. Benutzen Sie Gummihandschuhe zum Schutz.

6 **Setzen Sie den Deckel des Reservoirs** wieder auf, ohne Bremsflüssigkeit zu verschütten.

- Bauen Sie die Laufräder wieder ein und betätigen die Hebel ein paar Mal, um die Bremsbeläge zu zentrieren.
- Unternehmen Sie eine Testfahrt. Arbeiten die Bremsen nicht wie sie sollten, könnte sich noch immer Luft im System befinden. Wiederholen Sie Schritt 4, und achten Sie darauf, dass alles dicht ist.

Züge an Trommelbremsen

Alle Züge nutzen sich ab, egal wie gut und wie oft man sie wartet. Den Zügen von Nabenbremsen – meist Trommelbremsen genannt – ergeht es nicht anders. Ist Ihr Rad mit Trommelbremsen ausgestattet, zeigt Ihnen diese Sequenz, wie Sie den Zug ersetzen, sollte er ausgefranst oder abgenutzt sein. Die Bremsen zu schmieren und Teile davon auszuwechseln sind jedoch Arbeiten, die man den Experten im Radladen überlässt.

Hat das Hinterrad einen Platten, oder man möchte den Reifen tauschen, muss man wissen, wie man den Zug aushängt. Natürlich sollte man auch wissen, wie man den Zug, nach dem Einbau des Hinterrads, wieder einhängt und einstellt. Ist Ihnen dieser Vorgang einmal bekannt, können Sie auch die Trommelbremse leicht einstellen, wenn dies aufgrund des Verschleißes notwendig ist.

Position am Rad

Teile der Trommelbremse

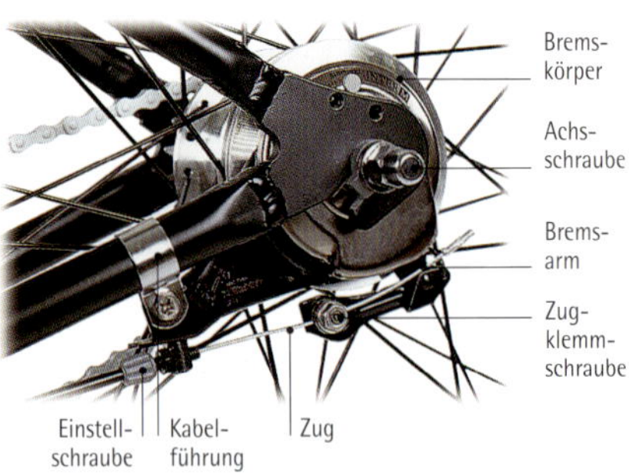

Werkzeug

- Maulschlüssel
- Spitzzange

Zug der Trommelbremse ersetzen

1 **Drücken Sie die Zugaufnahme** Richtung Vorderrad. Dies entspannt den Zug, sodass man die Zugklemmschraube aushängen und den alten Zug herausziehen kann.

- Schrauben Sie die Einstellschraube ein oder aus, sodass sie zur Hälfte ausgeschraubt ist.
- Bauen Sie nun das Laufrad aus, wenn Sie Schlauch oder Mantel wechseln wollen.

4 **Ziehen Sie die Klemmschraube** ganz an, während Sie das Kabel leicht drücken und Ihr Helfer weiter den Bremsarm mit der Zugaufnahme nach vorne drückt.

2 **Ziehen Sie den gefetteten Zug** durch den Bremshebel und dann durch die Hülle.

- Tröpfeln Sie ein wenig Öl in die Hülle.
- Achten Sie darauf, dass die Hülle fest am Bremshebel sitzt. Dann ziehen Sie den Zug durch die Einstellschraube und schieben die Hülle fest hinein.
- Ziehen Sie den Zug durch die Klemmschraube.

3 **Ziehen Sie den Zug** mit der Spitzzange nach hinten, während Sie den Bremsarm mit der Aufnahme nach vorne drücken und die Klemmschraube einhängen.

- Knicken Sie den Zug leicht nach der Klemmschraube und bitten Sie jemand, die Zugaufnahme nach vorne zu halten. Ziehen Sie mit Ihrer freien Hand die Klemmschraube an, sodass der Zug befestigt ist.

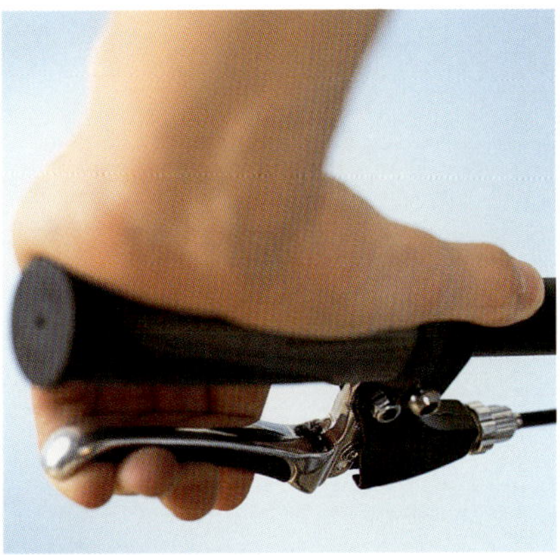

5 **Ziehen Sie immer wieder** (10 Mal) hart an der Bremse, damit sich der Zug setzt. Die Bremse kann sich etwas hart anfühlen, wenn man leicht zieht, auch wenn noch kein Druck von der Bremse auf dem Lenker ist.

- Der Bremshebel sollte rund 15 mm Spiel aufweisen, bevor die Trommelbremse hinten packt.

6 Drehen Sie die Einstellschraube ein paar Umdrehungen, bis die 15 mm Spiel am Bremshebel eingestellt sind.

- Ziehen Sie nach jeder Umdrehung der Einstellschraube am Bremshebel, um festzustellen, wann die Bremse greift.

Rücktrittbremse

Rücktrittbremsen arbeiten nicht über einen Bremshebel am Lenker, sondern indem man mit den Kurbeln nach hinten tritt. Ihre Wirkung hängt von der Kettenspannung ab – die Kette darf nicht mehr als 3 mm durchhängen, sonst funktioniert die Bremse nicht sicher. Will man einen Platten reparieren oder einen neuen Reifen montieren, muss man die Bremse demontieren und das Hinterrad ausbauen. Dazu muss man den Bremsarm abschrauben und das Laufrad wieder so einbauen, dass die Kette die richtige Spannung aufweist. Dies mag zeitaufwändig sein, man sollte die Arbeiten aber korrekt ausführen. Benutzen Sie einen Reparaturhalter oder stellen Sie das Rad einfach auf den Kopf, auf Lenker und Sattel.

Falls Sie das Hinterrad wegen einer Panne ausbauen müssen, sollten Sie die Nabe vor dem Beginn der Arbeiten ein paar Minuten abkühlen lassen. Die Hitze entsteht durch die Reibung der Bremsbeläge in der Nabe.

Position am Rad

Teile der Rücktrittbremse

Werkzeug

- Maulschlüssel
- Schraubendreher

Rücktrittbremse einstellen

1 **Lösen Sie die Bremsarmschelle** vom Bremsarm, indem Sie die Schellenschraube öffnen. Wenn Sie den Bremsarm wieder befestigen, achten Sie darauf, dass diese Schraube fest angezogen ist, da der Bremsarm das Widerlager für die Bremse bildet.

- Halten Sie die Mutter auf der Rückseite des Bremsarms mit einem Maulschlüssel, wenn Sie die Schraube öffnen.

3 **Drücken Sie das Laufrad** nach vorne und aus den Ausfallenden.

- Beachten Sie die Kant-Unterlegscheibe auf der Nabenachse. Sie wird entweder auf die Achse geschraubt oder sitzt auf einem abgeflachten Teil davon, sodass der abgeflachte Teil der Scheibe verhindert, dass sich die Achse dreht, wenn man die Achsmuttern auf- oder zuschraubt.

2 **Öffnen Sie die Nabe** der Rücktrittbremse mit zwei Maulschlüsseln. Die Nabe wird mit einer Schraube an den jeweiligen Achsenden im Ausfallende gesichert.

- Öffnen Sie beide Achsmuttern gleichzeitig. Haben Sie sie geöffnet, lässt sich das Laufrad aus dem Rahmen nehmen.

4 **Entfernen Sie den Schaltsatelliten** wenn die Achse aus dem Rahmen kommt. Dieser verbindet die Schalthebel über den Schaltzug mit der Nabenschaltung und sitzt auf der Nabe.

- Nehmen Sie die Kette vom Ritzel, damit das Laufrad freikommt.
- Vor dem Wiedereinbau müssen Sie die Kette auf das Ritzel legen und den Satelliten aufsetzen.

5 **Drehen Sie die Achse,** bis die flachen Seiten in die Ausfallenden passen und setzen die Achsmuttern wieder auf.

- Laufrad nach hinten ziehen. Gerade halten, die rechte und dann die linke Mutter anziehen.
- Kettenspannung prüfen. Bei mehr als 3 mm Spiel nach oben oder unten Achsmuttern öffnen, Laufrad nach hinten ziehen, Muttern befestigen, indem man Schritt 1 umgekehrt ausführt.

6

Federung einstellen

Federungs- und Dämpfungssysteme haben die Mountainbike-Welt revolutioniert. Mit der richtigen Einstellung der Federgabel und des Dämpfers geht es sicher durch raues Gelände.

Federgabeln

Eine Federgabel schluckt Stöße des Untergrunds. Die Gabel muss regelmäßig auf Abnutzung geprüft und geschmiert werden. Das Öl und die Federn sollten bei Verschleiß ausgetauscht werden, oder um die Charakteristik der Gabel zu ändern.

So funktioniert's

Eine Federgabel absorbiert die Energie eines Schlages, sodass diese Kraft den Fahrer nicht erreicht. Die Hauptfederung der Gabel, eine Luftkammer oder eine Stahlfeder, wird komprimiert, wenn das Tauchrohr auf dem Standrohr nach oben gleitet. Die Kompression wird beendet, wenn die Feder den Schlag absorbiert hat. Nun drückt die Feder das Tauchrohr zurück, die Gabel federt aus (rebound). Die Dämpfung kontrolliert die Geschwindigkeit der Kompression (Druckstufe) und des Ausfederns (Zugstufe). Normalerweise wird ein Teil der Energie des Stoßes durch einen Luft- oder Öldämpfungsmechanismus absorbiert. Dies erzeugt Reibung, die die Bewegungen der Gabel verlangsamt.

Reaktion auf Hindernisse
Die Dämpfung sollte verhindern, dass die Gabel durchschlägt, aber die Gabel sollte noch gut ansprechen, um jedes Hindernis schlucken zu können.

Kompression der Gabel

Ein Sprung verdeutlicht Kompression und Rebound. Wenn der Fahrer am Lenker zieht, um das Vorderrad zu heben, federt die Gabel aus, da das Fahrergewicht von der Feder genommen wurde. Bei der Landung wird die Gabel komprimiert, während die Feder den Aufprall durch die Landung von Bike und Fahrer absorbiert.

Beim Hochziehen des Lenkers und dem Zurücknehmen des Körpers wird das Vorderrad hoch gehoben, und die Gabel federt aus.

Bei der Landung lastet das Fahrergewicht auf dem Bikerahmen und komprimiert die Federgabel.

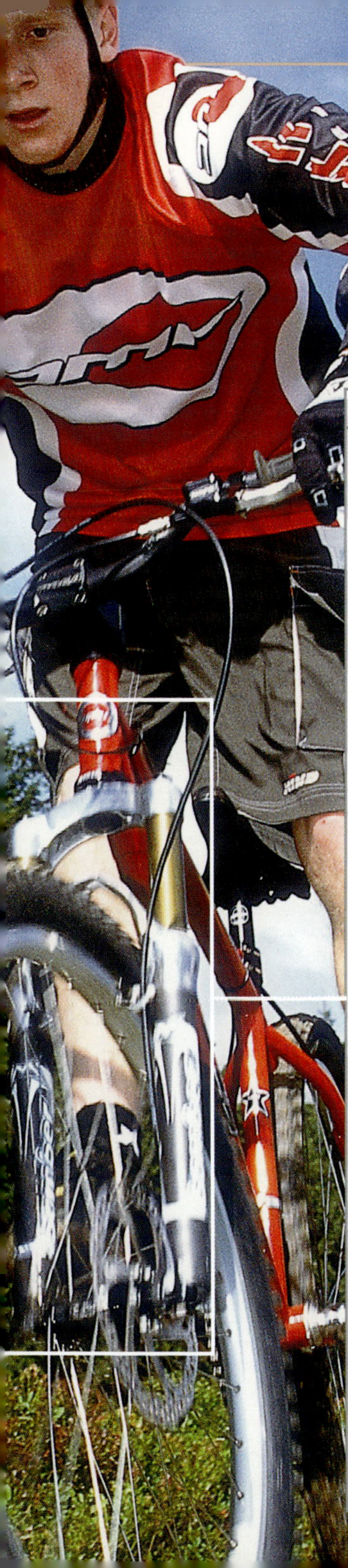

Öl-Luft-Gabel

Bewegt ein Stoß die Tauchrohre dieser Gabel nach oben, wandert ein Kolben im linken Standrohr nach oben und drückt ein Luftreservoir zusammen. Ist der Stoß absorbiert, drückt die Luft den Kolben zurück und die Gabel federt aus. Der Dämpfungsmechanismus im rechten Standrohr, das voller Öl ist, bewegt sich ebenfalls durch den Stoß auf und ab und kontrolliert die Geschwindigkeit der Kompression und des Rebounds.

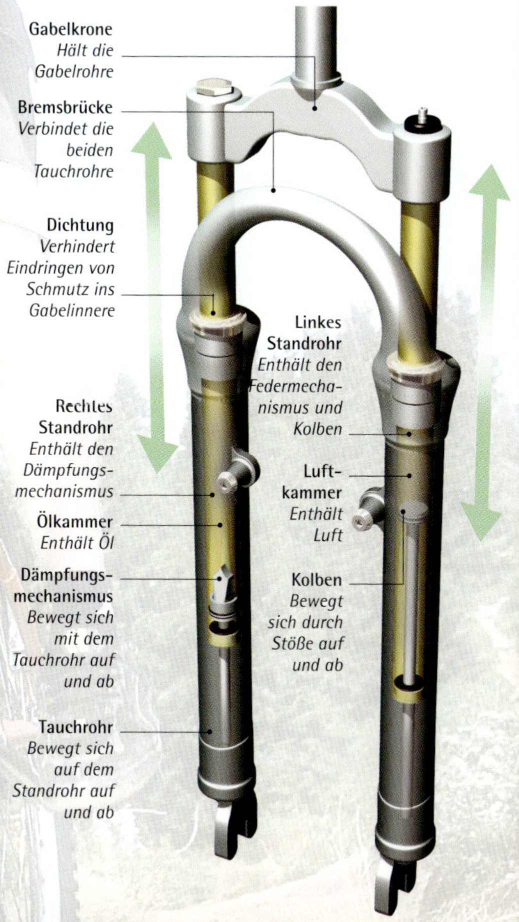

Federgabel

Eine Federgabel funktioniert am besten, wenn sie auf das Fahrergewicht eingestellt ist. Setzt man sich auf das Bike, federt die Gabel ein. Das Maß dafür nennt man Sag (oder Negativfederweg). Beim Fahren ermöglicht der Sag das Ausfedern, wenn das Vorderrad durch Löcher rollt, und macht die Fahrt weicher. Um den Sag einzustellen, erhöht oder erniedrigt man die Vorspannung der Gabel.

Die Dämpfung reguliert die Gabelgeschwindigkeit. Um herauszufinden, ob eine Gabel zu schnell arbeitet, lehnt man sich auf den Lenker und hebt blitzschnell das Vorderrad hoch. Fährt die Gabel blitzschnell zum maximalen Federweg aus, ist sie zu schnell und die Zugstufe muss erhöht werden. Stellen Sie die Dämpfung nach ein paar Fahrten nochmals ein. Die Einstellung passt, wenn die Gabel nach einem Hindernis schnell genug ausfedert, um den nächsten Schlag schlucken zu können.

Position am Rad

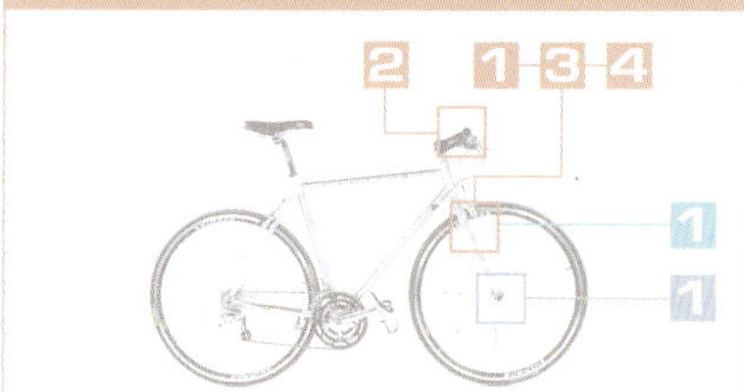

Teile einer Federgabel

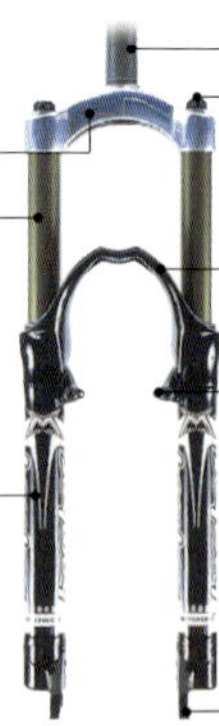

Werkzeug

- Dämpferpumpe
- Kabelbinder
- Maßband

Sag einstellen

1 **Befestigen Sie einen Kabelbinder** am Standrohr der unbelasteten Gabel, direkt an der Oberkante des Tauchrohrs. Optimalerweise beträgt der Sag etwa ein Viertel des maximalen Federwegs. Cross-Country-Fahrer mögen etwas weniger, Downhiller etwas mehr Sag.

3 **Steigen Sie ab** und messen Sie genau den Abstand zwischen Kabelbinder und der Oberkante des Tauchrohrs.

- Setzen Sie diesen Abstand in Relation zum maximalen Federweg der Gabel. Beträgt der Abstand 25 mm an einer 80-mm-Gabel, ist das Verhältnis 32 Prozent. Konsultieren Sie die Betriebsanleitung, um den Federweg Ihrer Gabel herauszufinden.

2 **Setzen Sie sich** in normaler Radbekleidung aufs Bike.

- Beide Füße auf die Pedale stellen. Entweder bitten Sie jemanden, Sie zu stützen oder Sie lehnen sich mit dem Ellbogen gegen die Wand. Das Tauchrohr wird am Standrohr nach oben wandern und den Kabelbinder mitnehmen.

4 **Erhöhen Sie** den Druck in der Luftkammer, falls das Verhältnis größer als 25 Prozent ist.

- Erhöhen Sie Vorspannung der Feder an einem Öl-Feder-System (normalerweise befindet sich ein Einstellrad auf dem Gabelrohr) oder montieren Sie stärkere Federn.
- Lassen Sie Luft ab, verringern die Vorspannung oder montieren schwächere Federn, wenn der Sag weniger als 25 Prozent beträgt.

Feineinstellung der Gabel

1 **Die Dämpfung kann man an manchen Gabeln** am unteren Ende der Gabelrohre noch feiner einstellen. Diese Gabel besitzt zwei Luftkammern für eine bessere Einstellung.

- Pumpen Sie Luft in die untere (Negativ-) Kammer, um die Federcharakteristik zu ändern.
- Verstellen Sie das Ventil am Luftkolben, um den Luftfluss zwischen den beiden Kammern zu regeln (falls möglich). Dies nennt man Luftdämpfung.

1 **An manchen Gabeltypen** kann man die Dämpfung während der Fahrt verstellen. Die Markierungen dieser schnell verstellbaren Gabeln heißen üblicherweise »schneller« und »langsamer«, um die Verstellrichtung anzugeben. Manche Gabeln kann man auch blockieren. Die Federfunktion kann somit komplett unterbunden werden, wenn man auf glattem Untergrund unterwegs ist und sie nicht benötigt.

Öl-Feder-Gabel

Ist der Sag richtig eingestellt (S. 142-143), aber die Öl-Feder-Gabel schlägt immer noch durch – die Gabel wird bis zum Anschlag komprimiert und die Feder kann nicht weiter zusammengedrückt werden –, muss man härtere Federn montieren. Im gegenteiligen Fall, wenn die Gabel nur bei großen Hindernissen reagiert, weichere Federn einsetzen.

Die Vorgehensweise für den Austausch der Federn ist bei den meisten Öl-Feder-Gabeln gleich. Sie sollten jedoch die Gebrauchsanleitung konsultieren. Manchmal muss man das Standrohr nicht aus der Gabelkrone ausbauen; oder man muss Federn in beiden Gabelrohren austauschen. Oder nur ein Rohr enthält die Feder, während im anderen der Dämpfungsmechanismus steckt.

Position am Rad

Teile einer Öl-Feder-Gabel

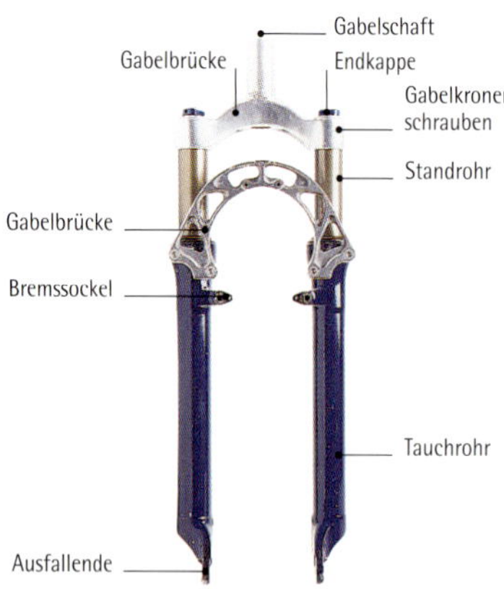

Werkzeug

- Maulschlüssel
- Inbus-Multitool
- Schraubendreher

Öl-Feder-Gabel demontieren

1 **Hebeln Sie den Sicherungsring** um den Rebound-Knopf am oberen Ende des Gabelrohrs mit einem Schraubendreher ab. Gehen Sie dabei behutsam vor. Drücken Sie die Schraubendreherklinge nicht zu tief unter den Sprengring, aber weit genug, um nicht abzurutschen. Ihre Finger sollten sich nicht in der Nähe des Schraubendrehers befinden, um sich nicht zu verletzen.

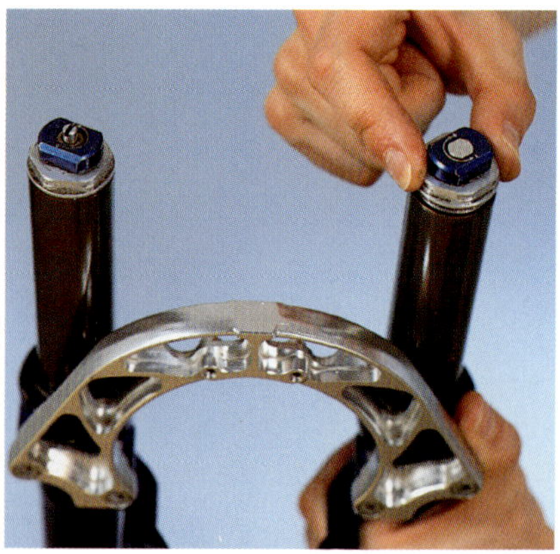

4 **Schieben Sie die neue Feder** in das Standrohr. Vergewissern Sie sich, dass die Feder richtig im Rohr sitzt und setzen Sie dann die Endkappe auf.

- Schrauben Sie die Endkappe mit den Fingern auf, dann mit einem Maulschlüssel festziehen.

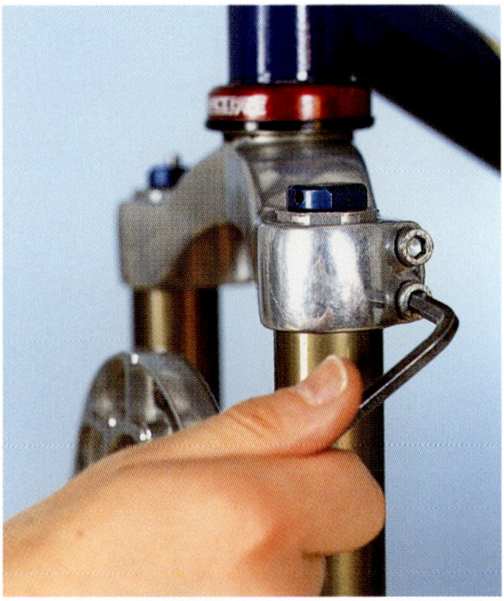

2 **Öffnen Sie die Inbusschrauben** an der Gabelkrone, um die Standrohre zu entfernen. Manche Gabelkronen sind nicht verschraubt. In diesem Fall kann man eine Kappe auf dem Rohr öffnen, um die Feder ausbauen zu können.

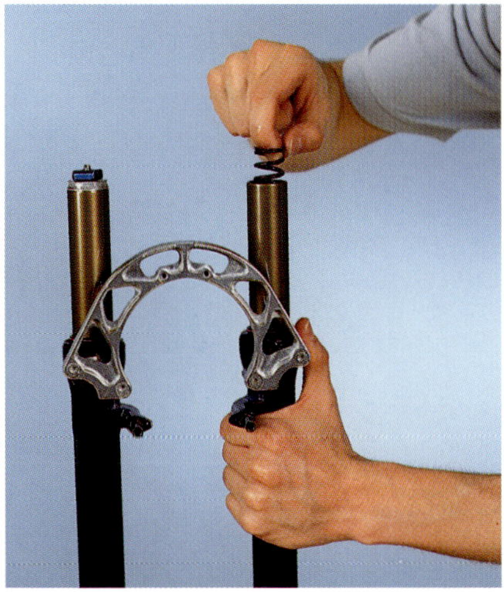

3 **Öffnen Sie die Endkappe** zunächst mit einem Maulschlüssel, und schrauben Sie dann die Kappe noch mit den Fingern ab.

- Merken Sie sich, wie die Feder im Standrohr sitzt und bauen Sie sie dann aus.

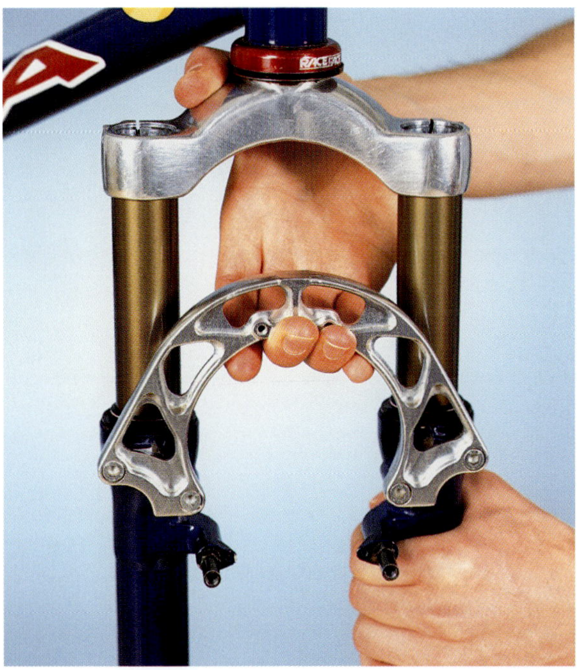

5 **Setzen Sie die Gabelrohre** wieder in die Gabelkrone und ziehen die Inbusschrauben an.

- Befolgen Sie die Gebrauchsanleitung Ihres Gabelherstellers bezüglich der Anzugmomente für die Schrauben an der Gabelkrone.
- Stellen Sie den Sag der Gabel neu ein *(S. 142-143)*.

Öl-Luft-Gabel

Öl-Luft-Gabeln haben normalerweise weniger Federweg und werden von Cross-Country-Fahrern eingesetzt. Das Federmedium ist Luft, dadurch sind sie leichter.

Manchmal besitzen sie eine Negativfederung, die entgegengesetzt zur Hauptfeder arbeitet. Damit überwindet man die »stiction«, ein Zustand der Blockade durch Reibung (Kombination aus »stick« und »friction«, was zwischen zwei beweglichen Teilen entsteht). Dies kommt häufig bei Luft-Federgabeln vor, da die Dichtungen sehr eng sind.

Von Zeit zu Zeit ist ein Ölwechsel notwendig, da Schmutz im System übermäßigen Verschleiß hervorruft. Haben Sie die Dämpfung erhöht und sie reagiert immer noch zu schnell, kann man sie mit einem dickeren Öl verlangsamen. Dünneres Öl kann die Arbeitsweise der Gabel beschleunigen.

Position am Rad

Teile einer Öl-Luft-Gabel

Werkzeug

- Maulschlüssel
- Dämpferpumpe

Öl austauschen

1 **Entfernen Sie die Abdeckkappe** auf der Gabelkrone, die kein Autoventil (Schraderventil) besitzt. Diese Sorte von Ventil findet man an Autoreifen. Man kann die Arbeiten an der eingebauten Gabel ausführen. Besser funktioniert es, wenn man die Gabel ausbaut, oder jemand hilft.

3 **Halten Sie die Gabelschäfte absolut senkrecht.**

- Stellen Sie ein Gefäß unter die Gabel, um nichts zu verschütten. Gießen Sie vorsichtig neues Öl in das Standrohr bis es voll ist und schrauben die Kappe dann wieder auf.
- Benutzen Sie einen Messbecher mit Maßeinteilung, um exakt die vom Hersteller angegebene Ölmenge abzumessen.

2 **Das alte Öl aus dem Standrohr** in einen Plastikbehälter ausgießen. Diese Öl-Luft-Gabel besitzt ein offenes Dämpfungssystem, in dem sich die Dämpferstange in einem offenen Ölbad auf und ab bewegt. Das Öl schmiert gleichzeitig den Rest des Systems.

4 **Setzen Sie den Verschluss** wieder auf das mit Öl gefüllte Standrohr, ziehen ihn fest und befüllen die Gabel mit Luft.

- Stellen Sie den Sag wieder ein *(S. 142-143)*.
- Schrauben Sie das Autoventil fest ein, falls nach korrekter Sag-Einstellung Ihre Gabel zunächst gut arbeitet, dann aber beginnt, durchzuschlagen (das Ventil könnte undicht sein). Benutzen Sie dazu einen Ventilschlüssel aus dem Autozubehör.

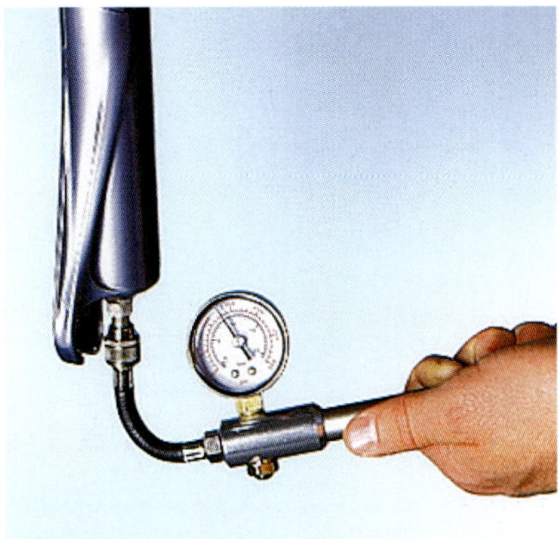

5 **Regulieren Sie den Luftdruck** an einer Gabel mit Negativ-Luftkammer neu, falls Sie Öl mit unterschiedlicher Viskosität eingefüllt haben.

- Stellen Sie die Dämpfung so ein, dass sie mit der gewünschten Geschwindigkeit arbeitet. Regulieren Sie die Feineinstellung mit der Negativ-Kammer.
- Erhöhen Sie den Luftdruck, um die Gabel aktiver bei kleinen Schlägen einzustellen. Lassen Sie Luft ab, um sie weniger empfindlich zu machen.

Der Dämpfer

Der hintere Dämpfer absorbiert Schläge, die durch Hindernisse entstehen. Ein Dämpfer muss immer sauber und gut geschmiert sein. Prüfen Sie regelmäßig Laufflächen und Dichtungen auf Abnutzungen oder Beschädigungen.

So funktioniert's

Der Dämpfer ist das hintere Gegenstück zur Federgabel und trägt wie diese zu einer besseren Kontrolle des Fahrers über das Mountainbike bei. Das hintere Rahmendreieck, das das Hinterrad mit dem Dämpfer verbindet, kann sich bei einem voll gedämpften Bike frei bewegen.

Hintere Dämpfer, oder einfach genannt Dämpfer, bestehen aus einem Federelement wie einer Stahlfeder oder einer Luftkammer und einem Dämpferschaft. Der Schaft ist mit einem Dämpfungssystem verbunden, das Öl enthält und die Bewegungsgeschwindigkeit des Dämpfers regelt.

Kompression des Dämpfers

Trifft das Hinterrad ein Schlag auf der Straße oder auf dem Trail, bewegt sich das Heck an seinen Gelenken nach oben und komprimiert den Dämpfer, der den Schlag absorbiert.

Fährt man über glatten Untergrund, bleibt der Dämpfer in neutraler Position.

Die Feder gibt den Druck wieder zurück an das hintere Rahmendreieck, der Dämpfer federt aus und das Hinterrad ist bereit für den nächsten Schlag.

Fährt man über rauen Untergrund, wird der Dämpfer komprimiert und fängt Schläge ab.

Aufbau eines Öl-Luft-Dämpfers

Bei einem Öl-Luft-Dämpfer besteht das Federelement aus einer abgedichteten Kammer, in der sich komprimierte Luft befindet. Der Dämpfungsmechanismus im Dämpferkörper enthält Öl. Knallt das Bike auf ein Hindernis, wandert der Körper in der Luftkammer nach oben und komprimiert die eingeschlossene Luft. Hat das Luftpolster die Energie des Stoßes absorbiert, fährt der Körper wieder aus und zurück in seine ursprüngliche Position. Der Schaft, der vom Ende der Luftkammer in den Dämpferkörper führt, ist mit dem Dämpfungssystem verbunden. Öl, das durch Öffnungen (Ventile) im Dämpfungssystem fließt, bremst die Bewegung des Dämpferkörpers beim Ein- (Druckstufe) und Ausfedern (Zugstufe) des Dämpfers.

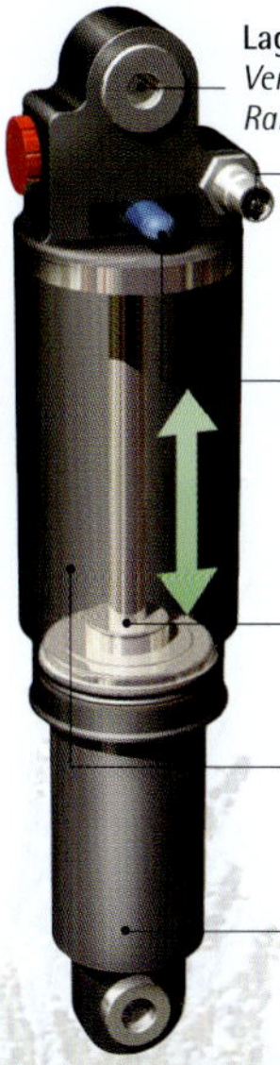

Hintere Dämpfung

Ein hochwertiges Fullsuspension sollte mit einem Dämpfer ausgestattet sein, der die vordere Federgabel ergänzt und mit ihr harmoniert. Öl-Luft-Gabeln werden normalerweise von einem Öl-Luft-Dämpfer ergänzt und ansonsten werden Öl-Stahlfedersysteme kombiniert.

Der erste Schritt zur Einstellung des Dämpfers ist die Justage des Sag. Wie bei der Gabel *(S. 142-143)* ist das Fahrergewicht entscheidend. Danach kann man auf mehreren Probefahrten die Druck- und Zugstufe feintunen.

Ein einfacher Test für die Harmonie von Federgabel und Dämpfer geht folgendermaßen: Man drückt das Bike in der Mitte nach unten und überprüft, wie weit Federgabel und Dämpfer eintauchen. Für normalen Fahrstil sollten beide gleich weit einfedern.

Achten Sie bei den Sicherheitschecks *(S. 32-33)* unbedingt auch auf die Lagerungspunkte des Dämpfers. Überprüfen Sie die Lager, in denen sich der Dämpfer bewegt, und beachten Sie die Bedienungsanleitung des Herstellers für weitere Maßnahmen.

Position am Rad

Teile eines Dämpfers

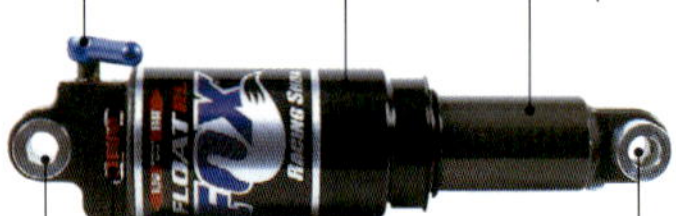

Werkzeug

- Maßband
- Dämpferpumpe

Sag einstellen

1 **Messen Sie den Abstand** von Dämpferauge zu Dämpferauge im unbelasteten Zustand des Bikes.

- Setzen Sie sich aufs Bike und bitten jemanden, diesen Abstand nun zu messen.
- Setzen Sie die zweite Zahl in ein Verhältnis zur ersten Messung. Dies sollte ein Viertel bis zu einem Drittel sein.

3 **Gewöhnen Sie sich zunächst an die Fahrweise** eines Fullys, bevor Sie die Zugstufe verstellen – vorausgesetzt, Ihr Dämpfer besitzt eine Einstellung.

- Drehen Sie am Einstellrädchen des Öl-Luft-Dämpfers. Achten Sie auf die Instruktionen, die sich auf dem Dämpfer befinden, um die Drehrichtung herauszufinden.
- Stellen Sie die Zugstufe nicht zu schnell sein, das kann das Handling des Bikes beeinträchtigen.

2 Lassen Sie am Öl-Luft-Dämpfer Luft ab oder pumpen Luft hinzu, wie benötigt.

- Nehmen Sie die zweite Messung nochmals vor.
- Regeln Sie den Druck im Öl-Luft-Dämpfer so, bis das Verhältnis der unbelasteten und der belasteten Messung zwischen einem Viertel und einem Drittel liegt.
- Erhöhen oder erniedrigen Sie die Vorspannung der Feder an einem Öl-Stahlfeder-Dämpfer, um das gewünschte Verhältnis zu erzielen. Dabei handelt es sich lediglich um Richtlinien.

4 Öffnen Sie den Schnellspannhebel am Dämpfer (falls vorhanden) um den verfügbaren Federweg zu verstellen, der von 85 bis 115 Millimeter variieren kann. Diese Verstellung kann vor allem vor Abfahrten nützlich sein, auf denen durch die erhöhte Geschwindigkeit härtere Schläge durch die Hindernisse auf dem Trail entstehen. Ein größerer Federweg kann dies besser abfangen.

5 Benutzen Sie den Lockout-Hebel, falls er vorhanden ist, um den Dämpfer zu blockieren. Dies ist der blaue Hebel auf dem Foto. In der Ebene, auf ruhigem Untergrund bergauf oder auf der Straße, kann man mit dem blockiertem Dämpfer verhindern, dass die Energie vom Pedalieren im Dämpfer verpufft.

Glossar

Ausdrücke, die *kursiv* gesetzt sind, finden Sie als eigenen Eintrag im Glossar.

Anlötsockel Metallsockel mit Gewinde am Fahrradrahmen, an dem man Zubehör wie Flaschenhalter oder Gepäckträger montieren kann.

Antrieb Einheit aus Pedalen, *Kettenblättern, Kurbeln,* Kette und *Ritzeln,* die das Rad antreibt, indem die Beinkraft in Radumdrehung umgesetzt wird. Siehe auch *Getriebe.*

Ausfallende Geschlitzte Platten am Ende der Gabel und der Hinterbaustreben, in denen die Achsen der Laufräder sitzen.

Bremshebelgehäuse Aufnahme des Bremshebels, die ihn mit dem Lenker verbindet.

Cleat Schuhplatte aus Kunststoff oder Metall an der Schuhsohle, die ins *Klickpedal* einhakt und den Fuß auf dem Pedal fixiert.

Dämpfung Vorgang, der die Energie eines Stoßes, der über ein Dämpfungssystem übermittelt wird, absorbiert. Kontrolliert die Geschwindigkeit, mit der jedes Dämpfungssystem auf die Unebenheiten des Untergrunds reagiert.

Dämpfungssystem Ein Öl-Luft- oder Öl-Stahlfeder-System, das Schläge vom Untergrund absorbiert. Dieses System ist entweder in die Gabel integriert oder über ein Gelenksystem mit dem Hinterrad verbunden.

Druckpunkt Der Punkt, an dem die Bremsklötze die Felge oder Bremsscheibe berühren. Der Hebelweg bis dahin ist meist einstellbar.

Durchschlagen Damit beschreibt man den Effekt, wenn eine Federgabel oder ein Dämpfer am Ende des Federwegs ankommen.

Federpin Ende der Spiralfeder einer Cantilever- oder V-Brake, das in einem der Löcher am Bremssockel des Rads sitzt.

Freilauf Mechanismus als Teil der Nabe, der die Rotation des Hinterrads erlaubt, während sich die Kurbeln nicht bewegen.

Freilaufkörper Wie Freilauf, lässt sich von der Nabe an- oder abschrauben.

Gabelschaft Rohr, das die Gabel mit *Vorbau* und Lenker verbindet.

Gang Kombination aus *Kettenblatt* und *Ritzel,* die im Antrieb über die Kette das Rad antreibt.

Getriebe Das Getriebe eines Rads besteht aus den Teilen, die die Antriebskraft des Fahrers in Vorwärtsbewegung umsetzen – die Pedale, Kette, *Tretlager* und *Ritzel.* Siehe auch *Antrieb.*

Gewinde Spiraliger Einschnitt in Metall, über den man unterschiedliche Teile zusammenschrauben kann.

Hydraulik Ein mechanisches System, das mit Flüssigkeit arbeitet, um Objekte zu bewegen.

Inbusschlüssel Sechskant-Schlüssel der in *Inbusschrauben* passt.

Inbusschraube Eine Schraube mit Innen-Sechskant im Kopf.

Innenlager Rotierende Einheit, welche die *Kurbeln* auf beiden Seiten des Innenlagergehäuses miteinander verbindet.

Kassette *Ritzel,* die als Einheit auf der Freilaufnabe sitzen.

Kettenblatt Ein Zahnring, an den *Kurbeln* befestigt, der die Kette antreibt und damit die *Ritzel* und das Hinterrad eines Fahrrads.

Kettenstrebe Rahmenrohr, das das *Innenlager*gehäuse und das hintere *Ausfallende* verbindet.

Klemmkeil Ein geschlitzter Keil oder ein dreiteiliges Metallstück, die durch eine Schraube ein Rohr in einem anderen Rohr klemmen. Meist im Vorbau eines klassischen *Steuersatzes* zu finden.

Klickpedal Pedal mit einem Mechanismus, um das Cleat eines Radschuhs sicher einzuhaken. Manchmal auch hakenlos (clipless) genannt, da es die Pedale mit Haken und Riemen ersetzte.

Kompression Bewegung (Einfedern) eines Federungssystems beim Absorbieren eines Schlages. Bezieht sich auf die Kompression der Feder.

Kranz Metallring mit Zähnen, alternativ zum Ausdruck *Ritzel* gebraucht. Beschreibt normalerweise die Teile einer Getriebenabe, deren Kombination unterschiedliche Übersetzungen ermöglicht.

Kurbel Hebel, der das Pedal mit den *Kettenblättern* verbindet und die Kraft von den Radfahrerbeinen in den *Antrieb* des Rads überträgt.

Lager Ein Mechanismus, der üblicherweise aus einer Anzahl von Kugellagern und Laufflächen oder Konen besteht. Damit können sich zwei metallische Flächen leicht aufeinander bewegen.

Lauffläche Der Mittelteil des Reifens, der Kontakt mit dem Untergrund hat.

Madenschraube Kopflose Gewindeschraube mit

durchgehend gleichem Durchmesser.

Negativfeder Teil, das in einem Dämpfungssystem gegen die Feder arbeitet. In der Kompression sorgt die Negativfeder beispielsweise für das Ausfahren der Gabel und hilft, »*Stiction*« zu überwinden.

Nippel Metallteil, das einen Zug am Ende sicher in einem Hebel befestigt.

Oberrohr Teil des Rahmens, der das *Steuerrohr* mit dem *Sitzrohr* verbindet.

Reifenflanke Teil des Reifens zwischen *Lauffläche* und Felge.

Ritzel Zahnrad, das von der Kette gedreht wird. Mehrere Ritzel formen einen *Schraubkranz* oder eine *Kassette.*

Sattelstütze Hohles Rohr, das den Sattel trägt und im *Sitzrohr* des Rahmens steckt.

Schalthebel Kontrollmechanismus, meist am Lenker befestigt, um die Gänge zu wechseln.

Schaltwerk System, das die Kette zwischen den *Ritzeln* des Hinterrads (hinteres Schaltwerk) und zwischen den *Kettenblättern* der *Kurbeln* (Umwerfer) bewegt; ermöglicht Mehrgang-Schaltungen an Fahrrädern. Siehe auch *Umwerfer.*

Schnellspannhebel Hebel, der mit einer Achse verbunden ist, um Teile am Rahmen zu fixieren oder zu lösen.

Schraubkranz Ritzel, die auf einem Freilaufmechanismus sitzen.

Sechskantschraube oder -mutter Schraube mit sechskantigem Kopf oder Mutter mit sechskantigem Rand, die auf ein Gewinde passt.

Sitzrohr Teil des Rahmens, in dem die *Sattelstütze* steckt.

Spiel Ausdruck für die Beweglichkeit von mechanischen Teilen.

Steuerrohr Teil des Rahmens durch den der *Gabelschaft* läuft.

Steuersatz Lagereinheit, die die Gabel mit dem Rahmen verbindet und deren Rotation erlaubt. Es gibt zwei Ausführungen: Mit Gewinde und gewindelos.

Stiction Eine Kombination der englischen Worte »static« und »friction« (statisch und Reibung). Beschreibt die Spannung zwischen beweglichen und festen Teilen in Ruhe, wie sie an Dichtungen und Standrohren in Federgabeln auftritt.

Tretlager Einheit von *Kettenblättern* und *Kurbeln.*

Umwerfer Ausdruck für vorderes Schaltwerk, das die Kette zwischen den Kettenblättern bewegt. Siehe auch *Schaltwerk.*

Unterrohr Rahmenrohr, das das *Innenlagergehäuse* mit dem *Steuerrohr* verbindet.

Verschlussring/Konterschraube Ring oder Mutter, mit denen man ein Gewinde oder eine andere Mutter fixiert.

Viskosität Ein Einheitssystem für Öl, das sich auch auf das Gewicht bezieht. Leichtes Öl weist eine geringere Viskosität auf und fließt schneller durch ein Dämpfungssystem als schweres Öl. Damit reagiert das Dämpfungssystem schneller, es weist eine geringere Dämpfung auf.

Vorbau Teil, das den Lenker mit dem *Gabelschaft* verbindet.

Weg Bezieht sich auf die Distanz, die Teile zurücklegen, um ihre Funktion auszuüben. Zum Beispiel bezieht sich der Federweg einer Gabel auf den Gesamtweg, den die Gabel einfedern kann, um einen Schlag auszugleichen. Der Bremshebelweg ist der Weg, den der Hebel zurücklegt, bevor die Bremsklötze die Bremsfläche komplett berühren.

Zentrierständer Ständer, in dem ein Laufrad so gehalten wird, dass die Felge zwischen zwei Einstelldornen läuft. Benötigt man, um nach einem Speichenriss ein Laufrad zu zentrieren.

Zugendkappe Kleine Kappe aus weichem Metall, die über das Ende eines abgeschnittenen Zugs gesteckt und geklemmt wird, um ein Ausfransen zu verhindern.

Zugstufe Aktion eines *Dämpfungssystems,* nachdem es die Energie bei einem Schlag absorbiert hat. Bezieht sich darauf, dass das Element wieder auseinander gezogen wird.

Stichwortverzeichnis

Die *kursiv* gedruckten Seitenzahlen verweisen auf Diagramme, in denen die jeweiligen Teile und Komponenten abgebildet sind. **Fett** gedruckte Seitenzahlen bedeuten Einträge, in denen es hauptsächlich um die Wartung des Teils geht.

A

B

C-D

E-F

G

H

I

K

L

M

N

O

P

R

S

Danksagung

Dank des Autors

Pip Morgan und Richard Gilbert für ihre geduldige und diplomatische redaktionelle Betreuung.

Ted Kinsey für die Gestaltung.

Dave Marsh vom Universal Cycle Centre für seine technischen Ratschläge zu Rennrädern.

Wayne Bennet von »Don't Push It Mountainbikes« für seine Ratschläge zu Mountainbikes.

Tim Flooks von »TF Tuned Shox« für seine Ratschläge zu Federung.

Gerard Brown für seine exzellenten Fotos und Guy Andrews, der das Equipment zusammengestellt hat, damit wir alle Aspekte der Wartung zeigen konnten.

Jo Jackson und Keith und Barbara Oldfield für ihre Hilfe, als der Computer des Autors abstürzte.

Und schließlich allen Radfirmen, die uns Ausrüstung für unsere Fotos zur Verfügung stellten.

Dank des Verlags

Leitender Art Director:
Kevin Ryan
Art Director: Michael Duffy

Geschäftsführender Redakteur:
Adèle Hayward
Geschäftsführender Art Director:
Karen Self

Fachverleger: Stephanie Jackson
Leitung Grafik: Peter Luff

Produktionsleitung: Kevin Ward

Design: Janice English, Simon Murrell, Dawn Young

DTP Design: Gemma Casajuana, Rajen Shah, Adam Shephard

Art Direction Fotos: Jo Grey

Foto-Recherche: Carolyn Clerkin

Illustrationen: Kevin Jones und Matthew White von Kevin Jones Associates, Tim Loughead von Precision Illustration Ltd.

Weitere Fotos: Jill und Steve Behr von Stockfile

Models: Jay Black, Chris Hopkins, James Millard, Simon Oon, Helen Rosser, Rochele Whyte

Radmodels: Hsu Minh Chung, Jamie Newell, Claire Paginton, Hannah Reynolds, Simon Richardson, Kelli Salone, Ross Tricker, Russell Williams

Lieferanten von Teilen, Rädern, und Zubehör: Ian Young von Moore Large für Schwinn BMX; Caroline Griffiths von Madison für Profile, Shimano, Finish Line, Park, und Ridgeback; Ross Patterson und Jon Holdcroft von ATB Sales für Electra und Marin-Räder; Colette Clensy von Giant; Adrian von Pashley Bicycles; Sean und Stuart von Evans Cycles, Wandsworth; Cedric von Luciano Cycles, Clapham; Sam von Bikepark, Covent Garden; Richard von Apex Cycles, Clapham; Graham von SRAM; Shelley von Continental; Trek UK.

Fotonachweis

Der Verlag dankt den folgenden Personen für ihre Erlaubnis, ihre Fotos zur Veröffentlichung verwenden zu können:

56-57: Stockfile/Steve Behr.

Alle anderen Fotos (einschließlich der Umschlagfotos): © DK Images.

Weitere Informationen siehe www.dkimages.com

Anmerkung

Die Wartung von Fahrrädern kann Gefahren bergen. Obwohl alle Informationen in diesem Buch unter Berücksichtigung der persönlichen Sicherheit des Lesers aufbereitet wurden, können Sie als Leser mögliche Risiken reduzieren, indem Sie alle Instruktionen genau befolgen. Der Umfang dieses Buchs ermöglicht es, lediglich einige, aber nicht alle möglichen Gefahren und Risiken zu erläutern. Aus diesem Grund empfehlen wir allen Lesern, alle Instruktionen vorsichtig und sorgfältig auszuführen und in jeglichen Zweifelsfällen den Rat eines guten Fahrradfachgeschäftes oder eines anerkannten Fachmanns einzuholen.